# PRÉFET
# DE LA RÉPUBLIQUE

JEAN-FRANÇOIS CARENCO

# PRÉFET DE LA RÉPUBLIQUE

LES ÉDITIONS DU CERF

www.editionsducerf.fr
24, rue des Tanneries
75013 Paris

ISBN : 978-2-204-14815-3

À Fani, à Margot, mes deux filles que la République n'a pas ménagées.
Je leur demande pardon.

# I

# Enfance

Je suis un enfant de la République et de la Lune.

De la République ? J'y reviendrai. De la Lune ?

J'avais dix-sept ans. C'était l'été. Les vacances. Juillet finissait. J'avais passé la soirée en discothèque et, au petit matin, il faisait encore nuit, j'avais rejoint mon frère et ma sœur dans le bar d'un petit village des Alpes où trônait une télévision. C'est là que j'ai assisté, incrédule, la bouche ouverte, aux premiers pas de l'homme sur la Lune. Ces images en noir et blanc, je m'en souviens, et ce son grésillant, et toute cette tension, cette attente ! On retenait son souffle ! Parce qu'on assistait à l'impensable. J'assistais à l'impensable ! Je suivais, avec stupeur, les minutes d'un événement que nul n'avait jamais envisagé, ni Aristote, ni Augustin, ni Jésus, ni Mahomet, ni Galilée, ni Laplace, ni Newton, ni Carnot. Alors oui, je suis un enfant de la Lune, un fils de la science qui a toute confiance en ses promesses et ses succès.

Mais je suis aussi, et surtout, un fils de la République.

Quand on naît en 1952, on naît dans l'après-guerre. Certes, 1952 c'était sept ans après l'armistice, après la paix, mais on y entendait toujours les échos de la guerre. Elle irriguait encore la vie.

Mon père avait été résistant. Mon grand-père avait été résistant. Il avait été emprisonné pendant la guerre de 1914 et à nouveau pendant celle de 1940 où il avait été torturé, chaque fois par les Italiens ; il était résistant mais il ignorait que son fils, mon père, l'était aussi ; ainsi le veut le système.

Mon père, puisque j'en parle, est le parfait exemple de l'ascenseur social que permet la République. Voilà quelqu'un qui est issu d'une famille très modeste : son propre père était employé dans une banque, sa mère, femme au foyer comme on dit aujourd'hui ; quelqu'un dont les études ont été prises en charge par les écoles des prêtres maristes, en leur totalité : de l'école primaire jusqu'à Polytechnique – il est de la promo 1936 ; qui entrera à la SNCF, au milieu de la guerre, et qui finira, travailleur acharné, ingénieur général à la direction de cette même SNCF. Mon père, c'est une carrière gagnée à la force du poignet et du cerveau. De lui, je veux retenir cette phrase « dans la vie c'est bien d'être poire », et le fait qu'il m'a appris la France.

Plus largement, ma famille vient de Nice. J'ai seize arrière-arrière-grands-parents niçois ! Ça ne se fait plus. Lorsqu'elle allait de l'autre côté du Var, ma grand-mère disait : « Je vais en France » ! Cela m'a marqué, comme les matches de l'OGC Nice au stade du Ray, les plages de galets le long de la promenade des Anglais, la pissaladière et la cuisine niçoise d'une richesse incroyable, mais source de conflit entre ma famille et le maire, Jacques Médecin, qui mettait des haricots dans la salade niçoise.

Nous allions très souvent à Nice, tout le temps, depuis Marseille où nous vivions. Nous y allions en train bien sûr ; avec un père cheminot nos voyages étaient gratuits. Et pour moi, pour mon frère, pour mes sœurs, Nice est notre seconde ville.

Mais *ma* ville, la ville de ma jeunesse jusqu'à la montée à Paris après le bac, c'est Marseille.

Marseille est immense, invraisemblable, indescriptible. J'y ai passé toute mon enfance ; je devais y revenir, lors de mon service militaire après être entré à l'ENA, et à nouveau, à ma sortie de l'école, lorsque j'ai débuté dans la vie professionnelle en tant que conseiller au tribunal administratif de la ville.

Mes repères marseillais ne sont pas bien originaux, je le concède, mais ils sont réels et, au moment d'évoquer ma ville, je me dois de les parcourir. Il y avait pour commencer, la Bonne Mère, cette basilique de style byzantin construite au XIX$^{e}$ siècle qui domine Marseille et s'impose à la cité. Il faut y monter avec des pois chiches dans les souliers pour se faire pardonner ses fautes ou sa conduite. Le deuxième monument de ma vie à

Marseille, c'était l'OM. J'étais derrière eux quand ils étaient en deuxième division, et naturellement quand ils sont montés et qu'ils sont devenus champions ; ils jouaient au stade de l'Huveaune parce que le Vélodrome était trop cher, et il y avait des joueurs qui me faisaient rêver comme Jean-Paul Escale, dans les buts, Victor Zvunka, Josip Skoblar, Roger Magnusson, ou encore Marius Trésor. Le troisième monument, pour moi, c'est le Prado et son David nu au bord de la plage qui conduit vers Mazargues et, plus loin, Cassis et les calanques. De cette statue, si on délaisse la plage et qu'on remonte un peu vers l'intérieur, de l'autre côté de l'Huveaune, on trouve la maison du Fada – c'est comme cela que l'on appelle la Cité radieuse du Corbusier – tout à côté du Vélodrome. Je m'en voudrais d'oublier le Vieux Port et le Ferryboat, les îles du Frioul, surtout le château d'If, avec sa fameuse prison, la cellule de l'Abbé Faria et celle de Monte-Cristo ; nul ici ne doutait de la réalité de cette histoire. Mais surtout, surtout, mon monument, mon point d'ancrage à Marseille, c'était le lycée Thiers, sur lequel on butte quand on passe le Théâtre du Gymnase où, enfant, j'ai écouté J. Brel, si on vient de La Canebière. Ce lycée, non loin du cours Belsunce, a été celui de Thiers, de Gabriel Péri, de Félix Gouin, de Pagnol, mais aussi d'Édouard Balladur et de Jean-Pierre Rampal. C'est là que j'ai étudié, c'est là que j'ai appris le grec, le latin, les mathématiques et tout le reste.

Oui, au-delà de la vie marseillaise, des copains, de la mer, au-delà de la langue marseillaise, pas très bon chic bon genre, mais pas racaille non plus, en tout cas parlée par tous et qui aujourd'hui encore fleurit mes discours, c'est ce lycée qui me reste. Certes, je n'étais pas un élève de premier rang mais j'étais un élève qui travaillait, et travaillait encore. Je pouvais sécher les cours de musique pour aller jouer à la contrée au bar d'en face, où j'ai bu mon premier Pastis. Je pouvais, en rentrant, avec mes camarades, aller espionner les prostituées de la rue Thubaneau. Je pouvais faire tout cela, ça ne m'empêchait pas de travailler, de travailler, et en juin 1969 de passer mon baccalauréat ; je n'avais encore que seize ans.

Que faire après le bac ? La question ne se posait pas. Mon père était polytechnicien, je devais suivre ses pas et faire les classes préparatoires aux grandes écoles. La vraie question était : lesquelles ? Maths sup, école de commerce ou lettres ? J'ai procédé par élimination. J'étais nul en physique-chimie, peu porté à l'époque sur la littérature et la philo, il ne restait que les écoles de commerce. Me voilà donc à 17 ans parti à Paris, au collège Stanislas – mon père y tenait puisqu'il y avait réussi son entrée à Polytechnique – pour une « prépa HEC ».

J'ai eu la chance, le privilège, d'être dans un foyer d'étudiants bien connu, que mon père payait. C'est d'ailleurs le seul privilège que j'ai eu : mon père a payé mes études.

À Paris, j'ai connu les joies du foyer, les premières amourettes, les amitiés. Les amis des classes prépas, pour ceux qui ne sont pas décédés, sont toujours des compagnons fidèles. Il faut dire que je suis arrivé dans un Paris bouleversé par Mai 68, un Paris où il y avait encore des mouvements étudiants, parce que ça ne s'est pas arrêté en juin 1968, le bazar. Je ne manifestais pas. Je n'ai jamais été un grand manifestant. Mes copains allaient manifester. Au retour, ils me racontaient ce qu'ils avaient fait et vu. Et puis, quand vous êtes en classe prépa, vous êtes moins… réceptif à l'agitation estudiantine que quand vous êtes en fac.

C'est à ce moment que j'ai rencontré la politique en la personne de Bernard Coutaud, mon ami, mon presque frère, aujourd'hui décédé. À l'époque, Bernard était le plus jeune maire de France, édile de Peyrelevade en Corrèze. Fils de boucher, petit-fils d'Ernest Coutaud, le précédent maire, qui avait été résistant en Limousin auprès de Georges Guingouin, Bernard se présentera aux législatives à Ussel contre un jeune talent dénommé Jacques Chirac. Et le jeune homme que j'étais voudra s'engager. J'aiderai à la campagne, je collerai des affiches. Bernard sera battu mais Peyrelevade deviendra, pour des années, mon lieu préféré.

Avant cela, Bernard, comme moi, réussira le concours d'entrée à HEC. Je n'avais présenté que les trois écoles parisiennes pour être sûr de ne pas être tenté par d'autres écoles de province, et la deuxième année, j'ai réussi aux trois.

À HEC, sur le campus de Jouy, j'ai découvert le rugby – nous avons quand même été deux fois demi-finalistes du championnat de France universitaire –, le Parti socialiste et les fêtes arrosées entre amis.

Mais surtout c'est au cours des années HEC que j'ai fait la connaissance de ma future épouse. C'était une amie d'un ami. Ils étaient, tous deux, originaires de Langogne.

Magali avait été danseuse classique ; désormais elle préparait le professorat. Elle me vaudra un zéro lors de mon stage de préfecture ; le préfet n'appréciait pas du tout notre liaison hors mariage ! Nous nous sommes rencontrés à la Feria de Nîmes. J'avais vingt ans. C'était il y a cinquante ans. Cinquante ans d'amour, de vie, notre vie qui fait que je suis là.

Et puis, avec Magali sont venus ses parents. Lorsque vous rencontrez quelqu'un à vingt ans, vous êtes encore à faire, à construire, et là, avec elle, c'est toute une famille, exceptionnelle, dans laquelle je rentrais. Elle deviendra ma deuxième famille. Elle m'apprendra la culture, la culture littéraire plus précisément. Son père, comme mon père, était un enfant de la République. Il ne parlait pas français à sa naissance. Il l'avait appris à coup de trique et de bonnets d'âne, et puis il est devenu prof et il a écrit… C'était un intellectuel occitan engagé qui m'a fait redécouvrir l'Occitanie et ses auteurs.

Enfin, c'est moins important que ma rencontre avec Magali mais ce sera tout de même déterminant dans ma vie, c'est à HEC que j'ai découvert le service public. Un de mes professeurs, Daniel Houry, avait mis en place un séminaire, pour les troisième année, consacré au service public ; j'ai été de la première promotion. François Hollande sera de la deuxième. C'est de là que vient ma volonté d'intégrer l'ENA. Pour tout dire, les « affaires » ne me branchaient pas.

Mais tenter le concours de l'ENA me trottait dans la tête. Magali m'y incitait. Et puis ma grand-mère, Fani Carenco, m'a dit : « Vas-y, fais-le ! » Alors, je l'ai fait. La vie est simple !

Je me suis mis au vert en Corrèze pour préparer le concours. Je le raterai. Qu'importe. J'ai passé, cette année-là en Corrèze, un été culinaire sans pareil. Tout en étant maire, Bernard préparait aussi les concours. Mais il ne faisait pas que cela. Il assurait les repas chez sa tante : des truites pêchées par le garde-pêche aussi nombreuses qu'un plat d'asperges, de la viande en sauce, de la viande rôtie, des desserts de toutes sortes… le plaisir des papilles !

Bernard réussira le concours d'entrée à Sciences-Po. J'y échouerai après m'être disputé avec le jury sur les langues régionales. Bien m'en prit. Il échouera au concours de l'ENA. J'y réussirai à ma deuxième tentative. À ce sujet, un détail me revient – quand vous passez des concours, la préparation est tellement intense qu'un détail, un rien vous marque – là, ce que je retiens c'est que j'ai évité un désastre en anglais. J'avais bachoté cette matière intensément ; je m'étais même inscrit, alors que cela faisait bien 9 ans que j'apprenais cette langue, au cours Berlitz. Mais, au vrai, j'ai passé l'épreuve parce que j'ai eu la chance, à l'oral, de tomber sur un article de presse que j'avais lu peu avant.

Pour y arriver, je peux dire que j'ai travaillé, préparé, répété.

Nous logions avec Magali. Nous avions décidé de vivre ensemble pour la vie et cela commençait en septembre 1974 – dans un petit appartement au sixième étage d'un immeuble donnant sur la place Dupleix. C'était celui où, en 1935, mon père allait déjeuner. L'appartement de son grand-oncle qui le recevait pendant ses années de prépa.

Là j'ai mené, comme tous les candidats, une vraie campagne, entendons une préparation acharnée. Dans cet entraînement, chaque ami compte, chaque ami a son rôle. Ils ont beaucoup compté. Et il y a les rituels, qui encadrent les jours et favorisent la concentration. Notre premier rituel était celui du marché du boulevard Garibaldi. Nous y allions chaque dimanche remplir le réfrigérateur pour la semaine. Nous y dépensions cinq à dix francs, en achetant plus de sardines et de maquereaux que de raison ; c'est Magali qui assurait la cuisine du ménage tout en donnant des cours de danse ! Le deuxième rituel qui me revient, ce sont les concerts d'orgue le dimanche après-midi à Notre-Dame. Tout cela sans parler de l'examen de licence en droit que j'ai dû repasser parce que j'avais oublié la date, des voyages à Nîmes, ou des cours divers et nombreux que je suivais à Dauphine, à la Sorbonne…

Puis, je réussis.

C'était en septembre 1975.

Et voilà que tout recommence. Pas à l'identique, toutefois, parce que ça démarre par douze mois de service militaire. Deux mois en Bretagne, pour débuter, à Coëtquidan où j'intègre le peloton d'élèves officiers de réserve avec ceux qui ont réussi le concours de l'ENA et ceux qui ont réussi celui de l'École nationale de la magistrature ; il n'y a que des hommes ! Je fais mes classes : marches à pied, parcours du combattant, du tir au fusil avec un responsable qui voulait que je vise avec l'œil droit puisque je suis un droitier et qui me mettait un bandeau sur l'œil gauche, mon œil directeur. Résultat : nul en tir, mais dans les épreuves sportives et les cours théoriques, je finis premier. Quand vient le moment de l'amphi garnison, l'amphithéâtre de garnison comme on dit à l'armée et à l'ENA, ce moment particulier où les élèves choisissent leur affection, et le font en fonction de leur classement, j'opte pour l'arme que personne ne veut d'habitude : le train.

Donc, direction Tours, l'école d'application du train. Je termine après deux mois à la caserne, avec deux satisfactions : avoir passé mon permis de conduire poids lourd et, quand cela était possible, avoir été invité chez les parents d'un camarade du foyer d'étudiants ; lui et son épouse deviendront de fidèles amis.

Au terme de ces deux mois, et quoiqu'à nouveau premier de ma promotion, je ne choisis pas le 1^er^ régiment du train, celui qui est installé Place Dupleix, en face de notre ancien appartement du sixième étage, mais le 524^e^ groupement de Transport lourds à Marseille Sainte-Marthe, le régiment dont personne ne veut. C'est que Marseille est ma ville et que, de là, je pouvais aller à Nîmes tous les week-ends pour rejoindre Magali qui s'était installée, le temps de mes absences, dans la maison familiale.

Une fois affecté, je me retrouve seul officier à commander, en Camargue, sous la tente, soixante-dix jeunes appelés et cinquante camions. J'apprends bien vite les rudiments de l'autorité, qui doit être ferme et bienveillante à la fois ! Puis on me verse au peloton d'instruction : « Bonjour, je suis là pour vous apprendre à tuer ! » Ce n'est pas ce qu'il fallait dire. Je me fais engueuler par le colonel. J'apprends bien vite la manière de dire les choses ! Pour le reste, tout va bien, hormis quelques animosités fortes entre de jeunes appelés issus des quartiers de Marseille et d'autres originaires des Comores. J'apprends à nouveau bien vite que la sanction et la médiation vont de pair.

En janvier 1977, mon service achevé, je retourne à Paris pour entamer ma scolarité à l'ENA. Cela commence par un stage d'intégration puis, juste après, par un stage en préfecture. Ce stage, je l'ai choisi de longue durée, onze mois, et à Privas en Ardèche, à nouveau pour être près de Nîmes où Magali attend notre premier enfant que l'on appellera Fani comme une vraie fille du Midi, et comme ma grand-mère. À Privas, il n'y a pas de directeur de cabinet. J'en fais ma fonction, ce qui ne m'empêche pas d'aller manifester contre la construction du barrage de Naussac à côté de Langogne. Je m'entends bien avec le premier préfet que je couvre lorsqu'il s'échappe sans rien dire de son poste pour aller à Nice. En revanche, je ne m'entends pas du tout avec le second.

À Privas, je découvre les territoires ruraux, l'industrie textile qui s'effondre, l'implantation des usines nucléaires (Cruas). Je découvre le fonctionnement de l'État qui, à l'époque, n'est pas engagé dans la décentralisation. J'apprends surtout, après des erreurs, que le pouvoir et la responsabilité méritent apprentissage en expérience.

J'avais vingt-cinq ans. Il y avait un forcené dans la région, et je décide de ne pas le faire arrêter. Il dérange les gens, mais il n'a rien fait. Pourquoi l'enfermer ? Seulement voilà, deux jours plus tard, il tue deux personnes. Ça a été un choc, une épreuve. Je me suis senti mal, malheureux. Je me suis posé des questions. On peut se tromper. Mais au prix du sang ? La responsabilité, c'est tout sauf simple. C'est toute ma vie de préfet, ça. Rien n'est binaire. Vous pouvez dire dans le cas du forcené : je l'arrête ou je ne l'arrête pas. Ça c'est binaire. Mais ma réflexion à ce moment-là, était : qu'a-t-il fait ? A-t-il encore une chance ? Pourquoi les gens sont méchants avec lui ? Ça a été ma première vision du Mal dans l'exercice des responsabilités. Ma deuxième viendra en Calédonie, qui sera le début de ma carrière de préfet.

Puis, un jour, le stage se termine. Je reçois une note exécrable et, le 1er janvier 1978, je m'installe, enfin nous nous installons : Magali, Fani et moi, à Paris, au 31 rue de Buci, à l'angle du boulevard Saint-Germain, dans le foyer des élèves de l'ENA. C'est un peu vieillot. Ce n'est pas très bien agencé ; la baignoire se trouve dans la cuisine ! Qu'importe, le petit deux-pièces nous accueillera pour deux ans, le temps de la scolarité. Cette proximité crée des liens, des liens qui durent puisque nous sommes toujours en relations amicales avec certains de ceux qui étaient alors nos voisins. Magali donne à nouveau des cours de danse, à l'École HEC cette fois-ci, et Fani se met à grandir. Je suis quand même là pour travailler. À vrai dire, ces années n'ont pas été les meilleurs moments de ma vie estudiantine. Mais je gagnais ma vie. J'étais toujours aussi nul en anglais. Je continuais à jouer au rugby avec les anciens d'HEC.

Ma scolarité à l'ENA a été surtout marquée par un séminaire, qui s'est déroulé sur plusieurs mois, et qui portait sur les régions et l'Occitanie. Il était dirigé par le journaliste Robert Escarpit. De ce séminaire, il en est résulté un livre intitulé *L'Espérance occitane* qui reprenait les documents du séminaire. Nous l'avons cosigné à trois, avec deux collègues méridionaux. Cela m'a valu une convocation chez le directeur de l'École qui m'a assuré que ma carrière au ministère de l'Intérieur était terminée avant même d'avoir commencé. Ce qu'il n'avait pas compris, ce directeur, c'est que les langues régionales ne mettent pas en cause l'unité de la République, elles la confortent. Ce qui met en cause l'unité de la République c'est de ne pas reconnaître les gens tels qu'ils sont. En tout cas, celui-là n'aura pas, comme le préfet de Privas, l'outrecuidance de me féliciter lorsque je serai nommé, trente-cinq ans plus tard, préfet de

Paris et préfet de la région Île-de-France. Concilier le respect des territoires, des élus, des langues régionales c'est possible, souhaitable, impératif. C'est la République telle qu'elle devrait être. Mais cela ne veut pas dire que la France doive se défaire pour laisser à nouveau la place à des baronnies électives : dernier jacobin, je resterai dans une France respectueuse et métissée.

Hormis cela, il ne s'est rien passé de notable. Mes deux amis Bernard et Jean n'ayant pas réussi le concours, il me fallait me recomposer un réseau de relations. Pour cela, j'ai pu compter sur certains élèves qui sont d'ailleurs devenus mes amis. Ainsi, Patrick, mon binôme dans certains cours, qui aura plus tard un poste important au RPR. Quand la gauche sera au pouvoir, je l'aiderai, quand la droite sera au pouvoir, c'est lui qui m'aidera. Son rôle et sa bienveillance seront déterminants pour ma nomination à mon premier poste de préfet fin 1995. Et puis, il y a les voisins de la rue de Buci.

Je n'ai, en revanche, gardé aucun souvenir des cours ! Ceux qui disent que la formation de l'ENA enferme tous les hauts fonctionnaires dans un même moule ont tort !

Est venu, enfin, le concours de sortie. Le résultat final devait agréger ma mauvaise note de stage (2/5 en ce qui me concerne), mes notes de scolarité, dont le séminaire peu apprécié de la direction, et ma note, toujours très basse, en anglais. Je ne pouvais être dans les tout premiers. Je suis pourtant sorti vingtième sur cent soixante. J'ai donc eu, une nouvelle fois, le plaisir de me livrer au jeu de l'« amphi-garnison ». Mais dans le fond, cela n'avait pas d'importance. Pour dire la vérité, j'en avais assez des études, des concours. Je voulais arrêter, faire autre chose. C'est Magali qui m'a convaincu : je n'avais pas passé cinq années à travailler et à la sacrifier pour tout abandonner au dernier moment ! Ne pouvant avoir les grands corps, j'ai choisi le corps des tribunaux administratifs. Je pensais vaguement à Clermont-Ferrand ; nous aurions alors habité Langogne. Mais la froidure de l'hiver et la perspective du *Journal de Montpellier*, m'ont fait choisir Marseille ! J'ai voulu le Midi, un travail qui, à l'époque, laissait du temps libre – vingt-sept heures par semaine, vingt-sept semaines par an –, et une vie que nous voulions construire.

C'est comme cela que je m'installais, ou plutôt que nous nous installions à Montpellier. J'y rejoignais mon beau-frère, Pierre Serre, afin d'y créer un hebdomadaire : *Le Journal de Montpellier*, plus connu aujourd'hui sous le titre : *La Gazette de Montpellier*. Margot, ma deuxième fille, viendra très vite se joindre à l'aventure de la vie.

Voilà ! Ma jeunesse est terminée. Elle fut belle et heureuse. C'est une chance, j'en suis conscient, une chance rendue possible par le travail, par l'appui familial et par l'amitié.

Quelques années plus tard, en 1991, je rejoindrai la préfectorale. Comme la plupart, je rentrerai dans la carrière en étant secrétaire général de préfecture. Pour moi ce sera dans les Yvelines. Un début, qui appelait une suite…

Alors, place au préfet.

# II

# Retour vers le passé

Avant de rentrer dans le vif du sujet, avant d'aborder le métier de préfet en sa diversité, j'aimerais conter en quelques mots l'histoire de cette fonction vénérable, qui est tout de même âgée de plus de 200 ans !

On aime à dire qu'au moment où Napoléon l'a créée il ne songeait pas qu'elle durerait si longtemps. Pourquoi s'imaginer cela ? Quand il l'a créée, il pensait sans nul doute que c'était ce qu'il y avait de mieux pour l'État, pour la France. Et ce qu'il y a de mieux est appelé à durer.

Dans son *Essai sur la constitution et les fonctions des assemblées provinciales*, écrit en 1788, Condorcet remarquait : « C'est un avantage réel que chaque communauté n'ait qu'une étendue telle que, dans l'espace d'un jour, les citoyens les plus éloignés du centre puissent se rendre au chef-lieu, y traiter d'affaires pendant plusieurs heures et retourner chez eux. »

En 1789, la Constituante s'attelle à la tâche de redéfinir le territoire de façon homogène. S'appuyant sur la réflexion de Condorcet elle envisage tout d'abord un découpage géométrique, un damier. L'idée est finalement abandonnée et, le 22 décembre 1789, elle divise, par décret, la France en départements ; entre 75 et 85. Le 15 janvier 1790, elle en arrête le nombre à 83. Le 26 février, elle en établit la liste et les limites. Vous me direz, et le préfet en cela ? Il n'en est pas question, en effet. Pas encore faudrait-il dire. Car cette réforme en est la cause lointaine ; et doublement.

Cause directe tout d'abord. Le département va devenir pour longtemps l'unité géographique propre au préfet, son territoire si l'on veut. Indirecte, ensuite. Car avec les départements sont instituées des assemblées départementales élues ; on ne voulait plus entendre parler de l'intendant royal ni des prérogatives du pouvoir central. Mais cette dernière réforme va très vite agiter le débat révolutionnaire. C'est la question du fédéralisme qui oppose les Montagnards aux Girondins, la centralisation à la décentralisation. Si, après la victoire des Montagnards, Robespierre met fin aux assemblées départementales élues et impose un représentant en mission envoyé par le Comité de salut public, avec le Directoire on assiste à un retour des assemblées, dotées toutefois d'un représentant du pouvoir, un commissaire chargé d'assurer l'exécution des lois. Au-delà du conflit, ces allées et venues indiquent que la réforme des assemblées avait quelque chose d'insatisfaisant qui demandait à être corrigé.

## *18 brumaire an VIII*

Le 9 novembre 1799, un coup d'État met fin au Directoire et établit le Consulat. Trois mois plus tard, le 28 pluviôse an VIII, une loi donne vie à un nouveau personnage dans l'administration : le préfet. Elle précise qu'il administrera seul et sera nommé par le Premier consul, c'est-à-dire le chef du gouvernement, en l'espèce Napoléon Bonaparte. Seul et nommé ; tout est dit. *Exit* la collégialité des assemblées, puisque le préfet administre seul, et les élections, puisqu'il est nommé. Il s'agit d'emblée, avec cette création, de mettre en place une courroie de transmission permettant de faire exécuter les décisions prisent par le pouvoir central.

Doit-on inscrire ce nouveau personnage dans la liste des agents du pouvoir ? *Missi dominici* ? Bailli ? Ou le dernier en date, l'intendant, qui était considéré comme « le roi présent en la province » ? C'est ce que pense Tocqueville. Le nouveau préfet ne s'installe-t-il pas dans l'hôtel de l'ancien intendant ? En réalité, le préfet consulaire prolonge le *praefectus* romain. Romain, il l'est comme le reste des réformes du Consulat inspirées de la Rome antique, à commencer par le nom du régime. Maintenant, *praefectus*, en latin, c'est être mis à la tête de... Et il peut y avoir plusieurs applications d'un tel titre. Concernant le territoire, le *praefectus* est un magistrat qui représente Rome dans les cités italiques et ailleurs, et qui est nommé par le préteur. Pilate, par exemple, pour évoquer une figure connue, était *Praefectus Judaeae*, préfet de Judée. Quoi qu'il en soit, en instaurant les préfets, les Bonaparte, Napoléon et Lucien, n'imaginaient sans doute pas que cette institution allait traverser les âges et durer deux siècles et plus. Ce qu'ils soupçonnaient en revanche c'est que cette réforme s'inscrivait dans la tradition et dans l'esprit de l'administration française. Et donc sans doute qu'elle était appelée à durer.

À leur nomination, les préfets devaient prêter serment, un serment dont le contenu résume à lui seul l'idée de la réforme : « Je jure d'être fidèle à la République une et indivisible, fondée sur l'égalité, la liberté et le système représentatif. » Cette *idée*, c'est une certaine idée de l'État – pour ce qui est de la République, on acceptera quelques accros, puisque dès 1804 le Premier Empire succédera au Consulat et que les préfets continueront d'exister sous la Restauration, la monarchie de Juillet ou le Second Empire – et une *idée* de la nation « une et indivisible ». Et les préfets devaient en être non seulement les représentants, mais aussi les piliers.

À Sainte-Hélène Napoléon, parlant des préfets, aura cette remarque : ce sont des « Empereurs au petit pied ». Il n'y a rien de péjoratif en ces mots ; il s'agit simplement de comprendre que le préfet est non seulement le représentant de, mais Napoléon lui-même en ses provinces.

Maintenant, si Napoléon est la figure centrale de cette période, si la création du corps préfectoral correspond à sa vision de l'État et si, enfin, c'est lui qui a nommé les premiers préfets, il faut dire qu'il a repris l'essentiel de la liste que lui avait préparée son frère Lucien, âgé de 24 ans et ministre de l'Intérieur. Car Lucien Bonaparte a pris une grande part dans l'élaboration et la mise en œuvre de ce projet, tout comme Jacques-Claude Beugnot, alors son conseiller, qui sera d'ailleurs préfet.

C'est encore à Lucien que l'on doit la *Circulaire du ministre de l'Intérieur aux préfets*, du 21 ventôse an VIII, qui fixe le cadre de cette nouvelle institution. Représentant de l'État, le préfet doit être au-dessus des partis comme le veut le bonapartisme. Sa mission, dans l'immédiat, est d'assurer la conscription, la perception des impôts et l'établissement de l'ordre. Mais il est aussi chargé de façon plus surprenante « d'assurer le bonheur de ses concitoyens », ce qui dans l'esprit des rédacteurs se traduit concrètement par le développement de l'économie et le souci du pauvre. Gardons en mémoire ce souci du bonheur.

Pour finir, notons qu'un grand nombre des préfets de l'an VIII sont des parlementaires ayant appartenu à l'une ou l'autre des assemblées de la Révolution, de la Constituante au Directoire et qu'à leur côté on trouve aussi des administrateurs ayant traversé la Révolution. Quoi qu'il en soit, quelle que soit leur provenance, ce sont des notables.

Mais tout a une fin. L'Empire finit par s'effondrer. Or sa chute signifie la chute de Napoléon, l'instigateur, le fondateur même du corps préfectoral. C'est pour ce corps une épreuve. De peu de conséquences néanmoins. La Restauration et la monarchie de Juillet reconduiront l'institution sans sourciller.

La monarchie ! Pourquoi pas ? On a pu dire que la réussite de cette institution venait qu'en son esprit elle prolongeait le sens de l'État présent dans l'Ancien Régime. En outre, et déjà sous le Premier Empire, dès après la première génération de préfets, on trouve de plus en plus de nobles de retour d'exil, occupant la fonction. La continuité était donc déjà en place. Pas pour longtemps cependant. Avec Louis-Philippe, en effet, la monarchie de Juillet fera appel de plus en plus à des hommes issus de la bourgeoisie pour occuper ce poste.

En parlant de bourgeoisie, la Restauration et surtout la monarchie de Juillet voient l'avènement de la bourgeoisie aux affaires ; c'est la période, en France, des débuts de la révolution industrielle. Tel que si l'on retient généralement, dans le regard que l'on porte sur le préfet, la mission d'ordre public, symbolisé en cette période par la réorganisation de la Garde nationale, on aurait tort de négliger son rôle dans l'essor industriel et la modernisation du pays, des voies de communication comme le chemin de fer, sans parler de l'éducation.

Claude-Philibert Barthelot de Rambuteau est l'une des figures de cette période. Préfet de la Seine – une préfecture à part, presque un ministère a-t-on pu dire – pendant quinze ans, le baron Haussmann le sera dix-sept ans et Eugène Poubelle treize ans, il va engager l'aménagement de Paris : les grandes avenues, les quais de Seine, les espaces verts lui reviennent de droit, lui dont la devise était : « De l'eau, de l'air et de l'ombre. »

Mais la révolution industrielle, avec toutes les transformations sociales qu'elle impose, crée de vives tensions dans le pays. Le désordre gagne. On défie l'État, on ne craint pas d'appeler à « tuer le préfet » et, en 1848, c'est la révolution ; un mouvement qui s'étendra à l'Europe. La monarchie est chassée, la république restaurée.

Création éphémère, la IIe République aura néanmoins le temps d'adopter des réformes très importantes comme le suffrage universel masculin instauré par Ledru-Rollin, le même qui supprimera les préfets pour les remplacer par des « commissaires de la République ». Mais cette suppression dura peu, trois mois, du 25 février au 20 mai 1848. Elle n'était en vérité qu'un changement de titulature, sans plus, une façon toute formelle pour la République renaissante de s'affirmer.

Révolutionnaire, « la sociale », comme on appellera la IIe, envisageait une réforme de l'administration : une démocratisation des organes régionaux ; en témoigne le projet de restaurer les élections municipales, alors que depuis 1799 les maires étaient nommés par le préfet ; et une décentralisation du pouvoir. Mais la France ne l'entend pas de cette oreille. L'enquête conduite à cet effet auprès des préfets, conseils régionaux et conseils municipaux, aboutit à un résultat bien différent : ce qui est réclamé ce n'est pas plus d'indépendance, c'est plus de pouvoirs pour les préfets ; que les décisions soient prises par l'État, mais pas à Paris, qu'elles le soient par les préfets qui le représentent dans la proximité des administrés.

Durant la brève vie de la IIe République, le rôle des préfets sur le terrain est avant tout d'organiser et de préparer, mais aussi d'aménager, d'orienter à vrai dire, les élections. Leur organisation sera un succès. Leur « orientation » un peu moins.

Émile Ollivier, Marseillais qui fait ses études au Collège Royal, l'ancien nom du lycée Thiers, est l'un de ces « commissaires de la République » de Ledru-Rollin. Quand il est nommé dans les Bouches-du-Rhône et le Var, il n'a que 22 ans.

Les « orientations » des élections ont moins bien marché disais-je. Voilà comment. La constitution de la IIe République avait promulgué que l'élection du président de la République se ferait au suffrage universel. Les premières élections se tiennent donc en décembre 1848 et... c'est Louis-Napoléon Bonaparte qui est élu président. Un président qui se transformera, après le coup d'État de décembre 1851, en un Empereur, Napoléon III.

*Un empereur pour un nouveau régime : le Second Empire*

Concernant l'organisation administrative, le projet de réforme engagé par la IIe République trouve son accomplissement sous ce Second Empire dans le décret du 25 mars 1852. L'esprit en a changé, sans doute, mais les réformes sont plutôt conformes aux résultats de l'enquête conduite précédemment. Il va s'agir de renforcer les pouvoirs des préfets pour rapprocher le pouvoir central du terrain.

C'est d'ailleurs ce qu'exprime la formule que l'on trouve en préambule du décret : « On peut gouverner de loin, mais on n'administre que de près. » Concrètement, il s'agit de « rapprocher l'administrateur de l'administré » comme il sera dit dans la circulaire du 10 avril 1852 de Victor

Fialin, duc de Persigny, ministre de l'Intérieur. On appelle cela la déconcentration.

Mais il y a autre chose encore. Dans un monde qui devient de plus en plus complexe, le préfet n'est plus seulement le bras armé du pouvoir, il est aussi, par ses compétences et son expérience, un gage de stabilité. Et de professionnalisme.

Ainsi, dans le prolongement de la monarchie de Juillet, c'est le défi de l'industrialisation et de la modernisation que vont relever les préfets, en aidant au développement économique, mais aussi social, tout en continuant à aménager le territoire ; avec comme symbole Georges Eugène Haussmann, préfet de la Seine, prenant la relève de Rambuteau.

### *1870, retour à la République*

À la suite de la défaite de Sedan et après une énième insurrection, un gouvernement de la Défense nationale vient remplacer l'Empire ; il est républicain, comme le proclame Gambetta qui en est le ministre de l'Intérieur et qui, comme tel, nomme les préfets. Un personnel entièrement renouvelé d'ailleurs. *Exit* les préfets nommés sous le Second Empire, une jeune génération prend la place.

Il s'agit à ce moment de redresser le pays après sa défaite. Mais la dimension politique, qui n'a jamais été absente de la fonction, prend un tour plus aigu durant cette période. Les gouvernements et les orientations politiques se succèdent, Gambetta, Thiers, Mac-Mahon. Chacun exige totale allégeance ; c'est la valse des préfets.

Enfin, en 1879, avec Jules Grévy, la République est définitivement installée et le personnel préfectoral se stabilise. D'ailleurs, Sadi Carnot, qui succédera à Jules Grévy, a été lui-même préfet, même si c'était brièvement et dans le cadre particulier du gouvernement de la Défense nationale.

Comme Sadi Carnot, Eugène Poubelle a commencé sa carrière de préfet en 1871. Lui, a été nommé par Thiers. C'est un préfet typique de cette période, qui connaîtra diverses affectations avant de devenir préfet de la Seine, pendant treize ans, autrement dit aussi maire de Paris puisque le poste a été supprimé après la Commune. Il imposera aux Parisiens des règles sanitaires salutaires auxquelles son nom sera attaché, par les locaux d'abord et les dictionnaires ensuite. Il est intéressant de noter qu'Eugène Poubelle a non seulement imposé les bacs collectifs pour les immeubles mais aussi et déjà le tri sélectif : ordures ménagères, papier, verre.

Quoi qu'il en soit, à cette époque le profil général du personnel préfectoral se modifie. Les préfets ne sont plus des notables. Ils ont la plupart du temps une formation juridique et commencent leur apprentissage sur le terrain, en tant que sous-préfets. Par ailleurs, même si les préfets sont impliqués dans les enjeux politiques qui traversent la France, il apparaît de plus en plus clairement, à cause justement des tensions et des successions de gouvernements que provoquent ces enjeux, qu'ils sont les représentants de l'État, au-dessus des partis, non les commis de tel ou tel gouvernement. Sans doute était-ce inscrit dans les textes mais à ce moment cela se traduit par une attitude : maintenant le préfet s'attache à concilier les divers intérêts en ayant comme objectif l'intérêt général.

Se fait-il plus discret pour autant ? Non. Il travaille autrement, dans un contexte différent. Il doit en outre prendre en compte la complexité croissante du paysage administratif, avec d'un côté la transformation des collectivités territoriales et de l'autre la multiplication et la spécialisation des services de l'État.

Louis Lépine est bien l'un de ces préfets. Comme Eugène Poubelle qui était auparavant professeur de droit, Lépine a reçu une formation juridique ; il a été avocat avant de devenir sous-préfet. De sous-préfet il passera préfet, de l'Indre, de la Loire, de Seine-et-Oise. Mais c'est surtout en tant que préfet de police de Paris qu'il a acquis sa réputation, en créant notamment la Brigade criminelle, mais aussi, entre bien d'autres choses, les passages pour piétons, ou encore, en 1901, le concours Lépine, pour les inventeurs.

Après le choc de la Grande Guerre, et avec le retour aux affaires courantes, le mot d'ordre qui s'impose est « travail et effort », beaucoup de travail et beaucoup d'efforts. Il s'agit à présent, pour le préfet, de stimuler le progrès et le développement autant ou plus que représenter l'autorité de l'État.

Si Poincaré refonde l'administration territoriale en 1926, avec pour conséquence la suppression de nombreuses sous-préfectures, le corps préfectoral parvient quand même à retrouver ses marques. Le mouvement engagé quelques années plus tôt reprend : formation universitaire, expérience du terrain.

Le décret Sarraut du 5 octobre 1928 vient réglementer la carrière, la nomination, et l'avancement. C'est dans ce contexte que Jean Moulin s'engage dans la carrière. Après des études de droit, il entre dans la fonction très jeune et devient sous-préfet en 1925, il a 26 ans ; le plus jeune sous-préfet de France à son époque.

Mais entre les difficultés de la reconstruction et la crise qui se profile, la France voit se succéder les gouvernements et les ministres de l'Intérieur. Certes, le corps tient bien la France et ses départements, mais durant cette période, le préfet a tendance à devenir un fonctionnaire comme un autre.

La longue III$^{e}$ République a définitivement installé la figure du préfet dans le paysage de la France, au point que celui-ci entre en littérature ;

pensons aux Fléron, Riquebourg et Séranville dans *Lucien Leuwen*, de Stendhal, à Worms-Clavelin dans *L'Orme du mail* d'Anatole France, ou encore à Toussaint Turelure dans *L'Otage* de Claudel. Qu'importe que ces préfets n'œuvrent pas tous sous la IIIe République, ce qu'il faut retenir c'est l'apparition, à cette époque, de ce personnage dans le roman et le théâtre, pour une grande part le vaudeville.

La Seconde Guerre mondiale amène son lot, très important cette fois, de préfets et sous-préfets morts au champ d'honneur. Jean Moulin en est la figure exemplaire.

Au sortir de cette guerre, le 9 octobre 1945, une ordonnance du Gouvernement provisoire dirigé par le Général de Gaulle crée l'École nationale de l'administration, l'ENA, qui a pour but de former les administrateurs des grands corps de l'État. Puis, en 1946, la Constitution de la IVe République indique, Titre V, article 30, que c'est à présent le président de la République qui a charge de nommer les préfets.

Si la IVe République est réputée être le régime des partis et de l'instabilité – vingt-deux gouvernements en douze ans ! –, le ministère de l'Intérieur, lui, connaît une certaine pérennité ; c'est que le besoin d'ordre et de sécurité se fait sentir.

Les préfets de cette période ne sont plus les grands bourgeois de la IIIe République. Ils viennent maintenant, formation aidant, aussi bien des classes moyennes et populaires. La filière juridique y est toujours prépondérante, mais d'autres filières, comme Sciences-Po, école fondée en 1872 par Émile Boutmy, apparaissent.

C'est aussi au cours de cette période que le « corps préfectoral », qui rassemble préfets et sous-préfets, s'affirme comme « corps ». Napoléon avait créé une fonction, pas un corps. Il faudra attendre 1927 pour que la formule « corps préfectoral » apparaisse. Avec la IVe République, ce « corps » s'institutionnalise en se reposant sur une organisation de carrière qui fait que les préfets sont choisis de préférence parmi les sous-préfets, les conseillers de préfectures et les chefs de cabinets. Et le 19 juin 1950 il bénéficie d'une première reconnaissance à travers le décret qui définit son organisation.

### *Le 4 octobre 1958, la France connaît sa Ve République*

Sous cette Ve, le « corps préfectoral » va achever son institutionnalisation. En 1959, tout d'abord, un décret stipule que les préfets seront choisis parmi les sous-préfets et un autre décret, de 1964, que l'ENA prendra en charge la formation des sous-préfets. Autrement dit, la fonction s'inscrit maintenant dans le cadre d'une carrière et elle se professionnalise. Le métier vient à l'avant-plan. À vrai dire, il a toujours été un élément important de la fonction, à côté de sa dimension politique ; c'est l'idée que l'on s'en fait et sa pratique qui ont évolué.

Un élément remarquable encore de cette période est l'ouverture du corps aux femmes. Une ouverture encore bien timide ; si Janine Pichon est, en 1974, la première femme à intégrer le corps et si Yvette Chassagne est, en 1981, la première à être nommée préfète, la proportion de femmes dans le corps reste quand même très réduite.

Le 21 mai 1981 François Mitterrand est élu président de la République. Cette élection marque un changement dans la ligne politique de la V^e^ République. Ces changements, avec les alternances qui suivront, provoquent une pression politique accrue sur le corps. Mais là n'est pas le plus important. Car, le 2 mars 1982, la loi Deferre introduit un tournant autrement décisif dans la vie administrative française en engageant le processus de décentralisation.

On voit alors apparaître les régions, nouvel échelon dans les collectivités locales, ainsi qu'un transfert de compétences de l'État vers ces collectivités. Mais l'on voit aussi s'opérer un transfert des pouvoirs des administrations centrales vers le préfet. Ce qu'il perd d'un côté, il le gagne de l'autre. Son rôle change, certes, mais pas foncièrement. Il est toujours le représentant de l'État, mais il n'est plus un simple maillon ou une courroie de transmission ; il devient l'interlocuteur privilégié de la vie locale. De tuteur qu'il était, il passe partenaire.

Claude Érignac, que j'ai eu l'honneur de servir, est un exemple de cette génération. Fils d'un haut fonctionnaire, il fait des études de droit, puis Sciences-Po – il n'a pas fait l'ENA, mais, c'est l'occasion de le préciser, tous les préfets ne sortent pas de l'ENA – avant d'être sous-préfet, puis préfet, ou plutôt commissaire de la République comme on disait de 1982 à 1988, du Gers, préfet simplement de Meurthe-et-Moselle, des Yvelines, et enfin préfet de Corse où il est assassiné le 6 février 1998. Hommage à lui : nous restons proches avec son épouse.

Une ordonnance du 2 juin 2021 a supprimé l'ENA, un décret du 6 avril 2022, le corps des préfets et sous-préfets.

# III

# Préfet, un boulot de la République

Nous connaissons la phrase de Lucien Bonaparte lorsqu'il créa le corps préfectoral en 1800 : « De ce jour naquit le bonheur des peuples. » Si l'on doit convenir qu'il exagérait un peu, il me semble important et utile de dire ce qu'est le métier préfectoral, ce que c'est d'être préfet en République aujourd'hui, et le rôle irremplaçable pour demain du préfet dans le combat républicain à mener.

Pour faire ce métier, il faut avoir trois amours chevillées au corps : les autres, la France et la République.

Servir ces trois amours doit se faire dans le cadre des lois et règlements bien sûr, mais aussi sous l'impulsion et en suivant la direction tracée par un gouvernement démocratique et légitime. Mais servir, c'est aussi être au service d'une certaine idée de l'État et de la République, dans le temps long, dans la continuité historique. Le préfet a sa vision de la République, qui se construit tous les jours. On ne s'engage pas dans ce métier, dans cette aventure personnelle et nécessairement familiale, tant l'impact sur son conjoint et ses enfants est fort, uniquement par goût des responsabilités opérationnelles, par l'envie d'un service réputé noble au sein d'un ministère régalien, par la recherche du prestige d'un corps et d'un uniforme, que je trouve personnellement assez laid et démodé. On s'y engage pour une certaine idée de la République et de la France que l'on souhaite faire partager à ses collaborateurs et aux populations que l'on sert. Plus le poste est petit et isolé, loin de Paris, plus cette réalité peut s'exprimer quotidiennement : ainsi en a-t-il été pour moi à Saint-Pierre-et-Miquelon, dans des débats parfois difficiles avec les autorités canadiennes, mais en métropole aussi, en Haute-Savoie, lorsqu'il fallait engager des discussions tendues avec le canton de Genève ou celui de Lausanne ; c'étaient les habitants de ces départements que je représentais directement lorsque je négociais les modalités de transport maritime sur le Lac Léman ou les modalités de contrôle des frontaliers qui allaient travailler quotidiennement à Genève ; et Paris était bien loin, ce qui est bien normal.

*« Servir la République »*

« La République c'est la démocratie plus. Plus précieuse et plus précaire. Plus ingrate, plus gratifiante. La République c'est la liberté plus la raison. L'État de droit plus la justice. La tolérance plus la volonté. La démocratie, disons-nous, c'est ce qui reste d'une république quand on éteint les Lumières. » Voilà les mots puissants prononcés par l'écrivain, homme d'action, homme de révolution, Régis Debray en 1995, dans les pages du *Nouvel Observateur*, « Êtes-vous démocrate ou républicain ? ».

Des mots qu'un préfet, celui qui doit être le républicain absolu, médite chaque jour ou du moins devrait-il le faire.

Le préfet a deux fonctions. D'une part il incarne la nation et l'État dont il est le représentant sur le territoire ; d'autre part, il représente le gouvernement et chacun de ses ministres (y compris le ministre de la Justice d'ailleurs, ce que je disais avec délice au premier président des cours d'appel auquel j'allais rendre visite lors de mes arrivées dans un poste) et à ce titre il applique les politiques du gouvernement et a autorité sur les fonctionnaires (avec des exceptions, bien sûr, dans les affaires judiciaires, scolaires, fiscales et militaires). C'est cette double réalité qui, au travers de l'action des préfets, permet d'ancrer la République dans les territoires.

C'est parce qu'il représente l'État et la nation que le préfet a la préséance (hors présence ministérielle) sur tous les fonctionnaires de l'État, sur tous les élus, maires, président de conseils départemental ou régional, et même parlementaires. C'est à ce titre qu'il prend la parole en dernier lors des cérémonies publiques ou qu'il dépose la dernière gerbe devant les monuments aux morts des villes et des villages lorsqu'il est présent pour honorer ceux qui ont péri pour leur pays. C'est à ce titre qu'il lui est demandé, en toutes circonstances, une attitude digne et respectueuse de tous et de toutes.

Servir la République, c'est ensuite appliquer les politiques ministérielles d'un gouvernement démocratique qui respecte la pluralité de pensée du corps préfectoral. Il y a là un équilibre subtil qui est une des caractéristiques d'une République administrative et qui donne de la liberté aux préfets loyaux, mais non serviles. Le préfet n'est pas obéissant, il est loyal au gouvernement puisqu'il en est l'expression même. Le préfet doit appliquer la loi, ce qui ne veut pas dire l'appliquer bêtement. Servir sans s'asservir. C'est la devise de l'ENA, on ne le dit pas assez. Servir le gouvernement, servir la France, servir la République, servir les autres… sans s'asservir à rien. Le terme d'obéissance n'a pas de sens dans cette fonction et c'est à ce titre que les préfets sont honorés d'être nommés par le président de la République et qu'ils acceptent d'être convoqués à tout moment et parfois révoqués.

Mais servir la République, c'est la servir à tout moment, en urgence et sur le temps long, sur tous les sujets et avec tous les interlocuteurs. Il y a, je crois, dans le métier de préfet, comme une emprise de la fonction sur son titulaire. On n'est pas préfet aux heures et jours ouvrables. On est préfet 24 heures sur 24 et 7 jours sur 7 pendant les 365 jours de l'année.

7 heures 15. Je suis debout sur une estrade de palettes en bois devant un braséro allumé pour tenter de convaincre les salariés d'une entreprise de 80 personnes environ – presque toutes des femmes – que la délocalisation de leur usine à 8 kilomètres de là n'est pas un drame ; que c'est, au contraire, une chance qu'elles doivent saisir pour elles-mêmes, pour les habitants de la vallée.

Que c'est dur de convaincre si l'on n'a pas l'envie chevillée au corps, au cerveau, dans tout son être ! Que c'est parfois dur d'être hué ou sifflé contre toute raison dans les petits matins froids et encore ensommeillés !

Un préfet n'est pas contrôlable, mais on lui fait confiance. Ainsi, servir la République, c'est oser dire à un Premier ministre dans son bureau : « Non, Monsieur le Premier ministre, je ne ferai pas comme vous me le demandez », ou plutôt, je ferai ce que vous me demandez de ne pas faire car il y va d'intérêts plus forts que les intérêts contingents et électoraux que m'avez expliqués. Un Premier ministre comprend cela si l'on sait parler avec son cœur et mettre en avant des dossiers construits. Évidemment il vaut mieux que le succès soit au bout.

Bien sûr, le préfet croit à l'ordre républicain, à la justice sociale, à la création de valeur et à la force de la culture. Il est sans intérêt personnel, hors l'application de ces quatre notions et, dans notre démocratie, il est celui qui a la charge de les rappeler à tous, à toutes et à tout moment. Au quotidien, dans ses journées où il lui faut décider, arbitrer, rassembler, ces quatre notions nourrissent ses réflexions et orientent son action. Certes, il agit avec toutes les forces présentes dans le département ou la région, avec les élus, les parlementaires ou les dirigeants de collectivités locales.

En France, le système est ainsi fait que la République doit avoir le dernier mot et que c'est lui qui l'incarne dans les territoires. Cette notion, que ses opposants qualifient de jacobine, est aujourd'hui contestée au nom du pouvoir des élus locaux qui seraient plus proches des citoyens et donc mieux à même d'incarner l'intérêt général. Je conteste cette vision de la République, vous l'avez compris. N'opposons pas l'intérêt local et l'intérêt national, la vérité n'est jamais binaire et l'histoire nous dit autre chose. Sur le plan géographique c'est en outre souvent faux car un préfet de département est plus proche des élus locaux qu'un président de Conseil régional.

La fonction de préfet n'est pas simplement une mission, c'est aussi un métier que l'on apprend au fil du temps, des années, des postes et des rencontres, des succès et des échecs. Je crois, pour ma part, avoir appris un peu de ce métier dans chacun de mes postes.

À Nouméa, en Calédonie, ce fut la prise de contact avec le débat sur le colonialisme ; ainsi, alors que je parcourais les tribus du Nord de l'île, défendant l'idée de la République, je fus un jour réduit au silence par un Kanak qui, la tirant de sa poche, me montra la photo d'un homme noir enfermé dans une cage suspendue en l'air. C'était son grand-père à l'occasion d'une exposition universelle à Paris. Médusé, réduit au silence, ma République en bandoulière était meurtrie. Mais ce fut aussi la rencontre avec Jean-Marie Tjibaou. Il m'a fait connaître la nécessité de replacer l'homme dans le monde et dans la création tout entière à son humble place. Je n'oublierai pas l'homme extraordinaire qu'il fut. Il a été assassiné un jour de mai 1989 par la haine, la bêtise, le repli sur soi, le refus de voir le monde en mouvement, tel qu'il est. Jean-Marie Tjibaou m'a appris que la République est belle lorsqu'elle est tolérante et que ses idéaux peuvent transformer l'histoire. C'est une leçon que je n'oublierai jamais, surtout avec un tel professeur ; il m'a appris à servir la République ; lui qui était un indépendantiste et un francophile. Avant sa mort, nous avions convenu d'aller ensemble voir le XV de France jouer contre les *All Blacks* le mois suivant.

J'ai aussi appris la République dans les Antilles, en Guadeloupe, déjà encore en conflit avec elle-même, car jamais la cicatrice de l'esclavage ne s'y est refermée ; car jamais, me semble-t-il, la France n'a discuté avec elle-même de cette terrible année 1802 au cours de laquelle Louis Delgrès est mort en précurseur et héros de tous les résistants en criant : « Vivre libre ou mourir. »

J'ai appris aussi en Tarn-et-Garonne, en fréquentant les producteurs de melons, les vignerons, les poètes occitans, les éclusiers sur les canaux…

Servir la République pour un préfet, c'est l'aimer, apprendre ce qu'elle est à travers son histoire, à travers les hommes et les femmes qui la composent. C'est vouloir partout servir ses idéaux et les faire partager. Certes, cela suppose des moments difficiles à vivre, quand on est confronté à des tragédies comme les attentats de Paris en 2015, quand on doit mener des opérations de maintien de l'ordre compliquées, quand on est confronté à des drames vécus en direct et en émotion au milieu des populations qu'on doit servir… Mais qu'elle est immense cette joie de servir !

Le préfet est bien sûr en première ligne en dirigeant les services de l'État, en coordonnant les politiques publiques, mais surtout en aidant et en rassemblant tous ceux qui agissent sur le terrain, notamment les élus et les collectivités locales, au profit de l'intérêt public, du bien-être des citoyens.

Pour être au plus proche des territoires, je revendique l'autorité du préfet (préfet des territoires) sur l'ensemble des administrations de l'État (hors les exceptions déjà citées). Par quel chemin tortueux, a-t-on imaginé qu'une administration territoriale de l'État, fragmentée, sectionnée, divisée dans des offices ou délégations, était préférable à une administration regroupée et responsable, expression territoriale de l'État central, interlocuteur crédible et efficace des élus locaux, c'est-à-dire des communes, des départements, des régions, à l'écoute des citoyens et des forces vives du pays ?

Oui le préfet doit être à la tête de tous les services de l'État déconcentré, y compris des agences et autres structures diverses. Il s'agit d'une aventure collective qui doit guider notre vivre-ensemble dans une France en mouvement et qui ne saurait être émiettée dans son action.

Pour agir, la relation, l'interaction avec les acteurs locaux est essentielle ; elle se doit d'être confiante et sereine, féconde et constructive. Il faut savoir aller à leur rencontre, avoir le goût et la curiosité des autres, de leurs actions, afin qu'ils vous parlent de leur territoire, qu'ils vous révèlent ce qui en fait la continuité historique, parfois ce qui en constitue la trame cachée, parce qu'elle tient à des fidélités enfouies ou oubliées.

Il faut savoir « faire parler » et écouter les élus locaux ou nationaux, les acteurs de ces territoires, pour qu'ils vous fassent partager leur passion et construisent vos décisions : sans eux, vous ne pouvez agir.

Le préfet doit être la source permanente de la réflexion et des propositions des élus nationaux, députés et sénateurs, ceux-là mêmes qui en dernier ressort font la République puisqu'ils en sont les législateurs et que l'exécutif agit sous leur contrôle. Il doit être l'initiateur des exemples qu'ils citeront à la tribune du Palais Bourbon ou du Palais du Luxembourg. Il doit mettre en phase les parlementaires avec le terrain. Le couple préfet/parlementaire, s'il fonctionne, est un carburant (mais sûrement ce mot est désormais condamnable) pour vivre ensemble une dynamique départementale et territoriale précieuse, dans le cadre d'une République unie et unitaire.

Il en va de même, mais de manière plus concrète, plus physique, plus opérationnelle avec les responsables de collectivités locales. Le temps n'est plus, mais je l'ai connu et c'est donc qu'il n'est pas très éloigné, où pour être effective et opposable, une délibération d'un conseil municipal devait d'abord être validée par la préfecture. Le temps n'est plus où les conseils départementaux, autrefois appelés conseils généraux, n'étaient en réalité que la « cagnotte du préfet ». Certes, il y avait un président, certes les membres y étaient soumis à élection et à réélection éventuelle mais le préfet était l'exécutif du département, il préparait les budgets et il assurait l'exécution des délibérations. Quant aux régions, elles n'existaient pas. C'était sous la présidence de Valéry Giscard d'Estaing et le gouvernement de Raymond Barre en 1977. Gouverner était alors autre chose qu'aujourd'hui. Tout cela a commencé à changer à partir de 1981, sous l'impulsion et la férule de Gaston Defferre, alors ministre de l'Intérieur, après l'élection de François Mitterrand comme président de la République. Les réformes vers plus de décentralisation se succéderont ensuite.

Avec les communes et maintenant les communautés de communes et les agglomérations, puis les métropoles, le préfet est en charge, au nom du gouvernement, d'instaurer un partenariat d'actions.

Être au service des élus locaux et de leurs collectivités, trop nombreuses, c'est aussi cela le boulot du préfet en République aujourd'hui. Leur apporter l'aide financière de l'État, suivant des canaux et des procédures elles aussi trop nombreuses, l'aide technique, décider, à leur demande, des questions d'aménagement du territoire ou d'investissement de l'État, alerter le gouvernement, bref le couple « État-collectivité locale » est à la manœuvre pour que, chaque jour, la France aille mieux. Vouloir briser ce couple au profit de l'un ou de l'autre, c'est affaiblir la République et la rendre unijambiste.

Mais cette coopération avec les collectivités locales et leurs élus n'implique aucunement une dilution des responsabilités. La loi fixe le cadre des compétences de chacun, les limites du pouvoir, et doit être respectée. Pour cela, il existe la justice administrative saisie par le préfet lorsqu'une décision d'une collectivité ne lui semble pas conforme à la loi. Des juges indépendants sont alors appelés à trancher le débat. À l'inverse, tout un chacun peut contester une décision, une action, une non-action du préfet ; et les élus locaux ne s'en privent pas. La situation et le processus sont les mêmes pour les décisions gouvernementales et ministérielles. Alors doit-on redouter le gouvernement des juges ? Peut-être, mais il faut avoir confiance dans l'honnêteté, l'esprit républicain, la sagesse de ceux à qui est confiée cette tâche de contrôle de l'action publique. Magistrats administratifs, membres du Conseil d'État, membres du Conseil constitutionnel, je n'ai aucune raison de douter de leur honnêteté et l'histoire prouve que cela fonctionne, qu'ils sont eux aussi les fondations de notre République, les garants de notre démocratie. Parfois, une décision de première instance irrite quelque peu et semble contraire à l'intérêt général. Les deux ou trois degrés de juridiction permettent de corriger le tir. La longueur des procédures est alors une garantie de l'intérêt général.

Le danger qui guette l'action publique ne vient pas des juges de l'action publique mais des tenants de la dictature médiatique. À l'ère des réseaux sociaux, de l'information en continu sur les chaînes de télévision, toute décision publique est désormais soumise au tribunal médiatique. Et le plaignant dans ces procès est souvent quelqu'un qui se plaint, quelqu'un qui cherche quelque chose pour lui, parfois simplement à exister ou à prouver qu'il a raison. Et dans ces tribunaux, la parole des uns vaut la parole des autres, le dire de celui qui ne sait pas est aussi fort que le travail d'un expert ou d'un comité de sages, plus fort bien sûr que la parole d'un ministre, d'un élu ou d'un préfet, condamné a priori par le tribunal médiatique à n'être qu'un mensonge pour protéger sa position, son pouvoir, ses gains. Franchement, cette démocratie de café du commerce ennoblie par les télés est insupportable.

J'entendais l'autre jour le vice-président d'un des plus grands partis politiques de France, par ailleurs député, déclarer pour soutenir le candidat qu'il défendait pour la Présidence de la République : « Lui au moins n'a pas fait l'ENA ! » Honte, honte ! Cet homme ne mérite pas le salaire que lui verse la République.

En réalité, cette montée de ce que l'on appelle le « populisme » a des causes complexes :

surconsommation, force des réseaux sociaux, éloge insupportable de toute liberté individuelle contre toute évidence, phénomène des migrations. Nous sommes loin du boulot du préfet ? Non, car c'est là le quotidien de ces défenseurs de la République. Michel Serres nous disait qu'une part de la responsabilité de cette situation revient aux philosophes, aux intellectuels qui n'ont pas su éclairer le chemin, être les fanaux sur la voie de la vie en société. La République est aujourd'hui le rempart de ces manques et de ces dérives et, sur le territoire, un préfet doit se battre, parfois au risque de sa vie.

### *Servir dans l'intérêt des citoyens*

La République au service des citoyens, c'est une évidence. Pourtant, certains prétendent qu'elle n'est plus désormais qu'au service d'une caste de profiteurs, d'une classe dirigeante dont le seul but serait la conservation de sa richesse, de ses pouvoirs et de ses privilèges. Pour réfuter ces discours absurdes et malfaisants, il faut combattre l'ignorance, montrer des exemples d'une République au service des citoyens sur le territoire, dans les communes de France. Parmi toutes ces actions et ces politiques qui font la France, nombreuses sont celles qui se font à l'initiative, sous l'impulsion, avec l'aide ou le contrôle des préfets.

Lyon. Une entreprise chimique, qui exploite plusieurs usines tout au long de la vallée du Rhône jusqu'à l'étang de Berre, est en très grande difficulté et plusieurs milliers d'emplois sont menacés. Comme à l'accoutumée dans ce genre de situation, des repreneurs vautours se positionnent auprès du tribunal de commerce. Après avoir rencontré les syndicats, les élus, d'autres industriels du secteur, je décide d'agir. D'abord il me faut convaincre le président du tribunal de commerce de rejeter cette offre que certains veulent accepter, par lassitude, par méconnaissance de qui est réellement le repreneur, par souci de montrer que l'on agit. Dans de telles situations, seul le préfet peut convaincre à la fois le tribunal et certaines banques qu'il y a là une très mauvaise solution. Première victoire ! Ensuite je dois convaincre le tribunal d'accepter la prolongation de la période de redressement judiciaire, après que j'ai convaincu le gouvernement et l'UNEDIC de prendre le risque financier de cette prolongation, et les syndicats de salariés de ne pas à appeler à la grève contre… je ne sais quoi, pour la défense de l'emploi ! Ceci accompli, il me revient d'étudier les repreneurs potentiels et leur « faire l'article » sur l'action de l'État qui les aidera. Enfin, une offre se présente ! Après m'être renseigné auprès des ambassades sur la surface économique du repreneur potentiel, sachant que les syndicats ont été convaincus, j'accepte que l'offre soit déposée. Maintenant, le tribunal doit trancher. C'est alors que le président du tribunal de commerce m'appelle et me dit : « Il y a un problème. Le président de la chambre qui doit juger et délibérer ne veut plus le faire ! Il m'indique que c'est à vous de le faire puisque vous décidez de tout. » Il s'agissait, bien sûr d'une plaisanterie ! Voilà, nous avons gagné, tous ensemble, salariés, élus locaux, juges, gouvernement, fonctionnaires engagés. Huit ans après, l'entreprise est florissante et le nombre de salariés a augmenté. Il en fut de même, l'année suivante dans la vallée de la Maurienne et l'usine trouva un repreneur.

Ces exemples, car ce ne sont que des exemples, se produisent tous les jours sur le territoire de la République. Préfet, un boulot de la République, c'est-à-dire un boulot de chef de l'orchestre au service des citoyens. Fermeture annoncée d'usine, implantation en vue d'activité économique : c'est à chaque fois la mobilisation générale qu'il faut sonner et organiser. Il faut que chacun le sache, au-delà des déclarations de circonstances, au-delà des cris, justifiés, des salariés qui voient leur avenir personnel et familial sur le point de s'effondrer. Mais qu'elle est belle cette France qui se construit dans le rassemblement des volontés lorsque la crise est là.

1977. La sécheresse sévit. Les agriculteurs n'arrivent plus à nourrir leurs animaux et les élevages sont menacés. On met alors en place un plan de transfert de paille massif depuis le Sud vers le Nord de la France. Durant tout l'été, sous la responsabilité des préfets dans les départements, s'organisent le ramassage de la paille dans les champs par les militaires, son transport en camions de l'armée vers les trains qui remontent vers le Nord ou directement vers leurs destinataires, et bien sûr la répartition entre les bénéficiaires. C'est une action de solidarité incroyable, mais aussi une organisation d'une énorme difficulté. Pourtant, cela a marché. La République a fonctionné. Et bien sûr tout le monde l'a oublié. À cette époque, j'étais aspirant (sous-lieutenant en période de service militaire) dans le régiment du train stationné à Marseille où on m'avait confié la tâche de commander un détachement de 50 camions qui faisaient le boulot en Camargue.

Mais qu'importent les détails ! Ce qui compte, c'est l'image de la République sur le terrain au service des citoyens.

Dans ces temps difficiles, il faut que notre pays se rassemble pour inventer et vivre un monde qui sera nécessairement, pour partie, voire totalement, différent de celui que nous connaissons. Alors nos gouvernements, notre démocratie, auront besoin de serviteurs exigeants et compétents pour impulser et diriger, orienter et organiser l'action des services de l'État dans les territoires. Aux côtés des élus locaux, des créateurs de valeurs, de culture, de solidarités, les préfets devront être présents.

Pour finir, pour le plaisir du souvenir et parce que cette aventure collective fut extraordinaire, permettez-moi de vous raconter une histoire de hip-hop en préfecture de Lyon : un boulot de préfet, un boulot de la République.

Mourad Merzouki, une des figures du hip-hop, a donné ses lettres de noblesse à cet art chorégraphique autrefois considéré comme un art mineur issu des cités. À Bron il avait créé, avec l'aide de la mairie, une structure de diffusion et d'apprentissage de ce qu'était sa danse. Il devint mon ami et nous eûmes ensemble l'idée totalement saugrenue de faire, après la littérature, entrer le hip-hop dans les salons de la préfecture. Je les ai alors ouverts à tous pour une après-midi et une soirée et près de 800 personnes ont répondu présents (c'était complet) pour trois évènements différents qui se sont succédé. D'abord des démonstrations de hip-hop quelque peu acrobatiques dans les couloirs et les grands escaliers par les danseurs de la troupe de Mourad Merzouki ; ensuite, dans les deux cours intérieures, nous pouvions danser tous ensemble : cela veut dire, jeunes, vieux, fonctionnaires, visiteurs des beaux quartiers ou des cités avec le président du Conseil régional, du Conseil départemental, le préfet sous la direction de Mourad et de ses danseurs. Ahurissant, impensable, ma République qui danse mélangée, métissée un samedi après-midi à Lyon dans ses locaux, qui montre ainsi qu'ils sont à tous ses enfants. Enfin, un troisième atelier se tenait dans les grands salons cette fois-ci : un concours, une *battle* de hip-hop comme il convient de dire. Une estrade du type de celles que l'on a l'habitude de voir dans des concours d'escrime (20 mètres de long, 1,5 de large) avait été montée dans toute la longueur de la pièce. Les spectateurs étaient debout de chaque côté : les danseurs semblaient voler au-dessus tout en la traversant. Ce fut un moment inoubliable pour tous ceux qui ont pu y participer.

Si je vous dis tout cela c'est pour vous faire aimer la République, pour que vous vous leviez pour la défendre et la construire tous les jours, l'inventer, l'imaginer à chaque instant, car, comme nous l'explique Jean-Jacques Rousseau dans son *Essai sur l'origine des langues* : « Celui qui n'imagine rien ne sent plus que lui-même ; il est seul au milieu du genre humain. »

# IV

# L'ordre de la République

Noyés sous les gaz lacrymogènes.

C'était au passage de l'an 2000, au changement de siècle. Comme souvent, l'agitation syndicale secouait la Guadeloupe. Un rassemblement de manifestants était programmé à Basse-Terre, d'ordinaire beaucoup plus calme que Pointe-à-Pitre. L'objectif proclamé des manifestants du jour était la prise de la prison de Basse-Terre ; ils avaient pour intention de libérer des « camarades ». Un classique sous toutes les latitudes.

Alerté par les services de renseignements, j'avais pris très au sérieux la menace ; j'avais positionné un escadron de gendarmes mobile au sein même de la prison, et disposé plusieurs autres en ville.

La manifestation se déroulait dans le calme jusqu'à ce qu'un certain nombre de manifestants tentent effectivement d'enfoncer la porte du bâtiment pénitentiaire.

J'avais alors donné l'ordre d'envoyer les gaz lacrymogènes. En un rien de temps, la rue s'était trouvée noyée dans un épais nuage dû aux grenades tirées par les gendarmes de l'escadron placé au sein de la prison ; des dizaines et des dizaines d'entre elles tirées en l'air, accompagnées de grenades assourdissantes.

Résultat : il n'y avait eu aucun blessé ; les manifestants s'étaient dispersés dans les rues de Basse-Terre où les gendarmes, qui étaient en position, avaient pu rétablir l'ordre rapidement et fermement.

Le nuage d'ailleurs a été si fort que l'on a pu sentir l'odeur des lacrymogènes jusque dans les murs de la préfecture, bâtiment construit par l'architecte Ali Tur comme beaucoup de bâtiments publics de la Guadeloupe, ce qui témoigne de l'importance de cette opération originale de maintien de l'ordre.

Oui, la liberté de manifester est un principe intangible, mais la République a le devoir de se défendre face à ceux qui ne la respectent pas.

Gérer le maintien de l'ordre c'est aller au bout de ce qu'il y a à faire sans faiblesse mais avec le souci d'éviter des blessés et des désordres inutiles. Et jusqu'au bout, au cœur même de l'incendie, rechercher l'apaisement.

### *Guadeloupe toujours*

La Guadeloupe est une terre d'élection, s'il en est, pour les manifs, une terre aussi d'équilibre à trouver entre l'ordre et le désordre. Cette fois-ci, la manif durait depuis deux jours et la situation devenait compliquée, même si la proximité que j'avais établie avec les forces de l'ordre et la qualité de mon directeur de cabinet me permettaient d'apaiser les choses.

Ce jour-là, le meneur des manifestations, un leader syndical indépendantiste, agitateur dans l'âme, s'était trouvé pris dans la confrontation, et il avait été blessé à la tête. Il avait été secouru et conduit immédiatement à l'hôpital pour y être soigné. Intuition, coup de génie de mon directeur de cabinet ? Il me propose de lui téléphoner sur son portable ; que chacun ait le portable de l'autre suppose un respect minimum de chacun envers l'autre. Notre crainte était, s'il sortait dans la rue avec son t-shirt couvert de sang, que le désordre en soit accru et que le contexte, déjà tendu, devienne dangereux. Au téléphone, je lui propose donc tout de go que la police lui apporte une chemise propre en lui expliquant mes raisons : il m'écoute, il accepte !

Ordre et désordre, deux faces d'une même société.

Les exemples de ce type sont nombreux et, dans tous mes postes, j'ai connu des situations angoissantes sur l'instant, mais fondatrices à terme de vraies relations avec ceux « du camp d'en face ». À Saint-Pierre, à Lyon, à Toulouse, à Annecy, à

Versailles où l'une de mes filles défilait avec les manifestants devant la préfecture !

Je ne suis pas le seul. Les préfets, les procureurs, les responsables de police agissent de la sorte sur tout le territoire, et dans toutes les villes de France. Le moindre incident fait les gros titres ; la vérité est que les incidents sont finalement peu nombreux.

Le préfet a pour mission d'assurer la sécurité des personnes et des biens. La sécurité ! Cette exigence a toujours été présente, mais son contenu a varié. Aujourd'hui elle prend de multiples formes : elle concerne les personnes, les biens, mais aussi les transports, les risques naturels, la situation sanitaire, et j'en passe ; de même, l'ordre public se décline en autant de manières.

Mais la question même de cet ordre exige une réflexion de la part du préfet comme du citoyen ; car trop d'ordre non moins que trop de désordre ne construisent pas la République : ils défont la France.

Paul Valéry, le poète de Sète, enterré dans le cimetière marin au pied du Mont Saint-Clair, nous a prévenus. Dans *La Crise de l'esprit*, ce texte qui commence par le fameux « Nous autres, civilisations, nous savons maintenant que nous sommes mortelles », il nous avertit : « Deux dangers ne cessent de menacer le monde : l'ordre et le désordre. » Écrite dans la première moitié du siècle passé, cette sentence est aujourd'hui d'une actualité forte.

La République semble se défaire quand certains appellent à une République de l'ordre, voire de la répression, quand ils appellent à remplir les prisons et à expulser les délinquants ! Mais la République semble aussi se défaire lorsque j'entends certains, au nom de l'absolue liberté individuelle, accepter les violences dans les manifestations, ou au nom de la dénonciation de la pauvreté, dire approuver les délinquants dans leurs actes de violence. On pourrait opposer, de la même manière, les défenseurs des valeurs chrétiennes occidentales, qui les érigent en principe d'ordre, et ceux qui promulguent les communautarismes religieux, en prétendant qu'ils sont le symbole de la liberté idéalisée. Entre l'ordre et le désordre, je choisis la République ; entre l'Occident chrétien et l'islamisme radical, je choisis la République laïque.

Ma République, la conception que j'en ai, est celle de l'équilibre entre tolérance et discipline : un chemin de crête pour vivre ensemble

On y trouverait l'indispensable dimension de l'altérité. Les hommes sont mes frères, les femmes sont mes sœurs. C'est simple. C'est net. Cette affirmation devrait suffire pour refuser tout ordre ou désordre qui souhaiterait exclure l'autre.

Cette idée généreuse, grande conquête de l'Humanité, doit beaucoup au christianisme qui nous dit que nous sommes tous frères et sœurs. Comme l'écrit saint Paul, dans l'épître aux Galates [3, 28] : *Il n'y a plus ni Juif ni Grec, il n'y a plus ni esclave ni homme libre, il n'y a plus ni homme ni femme.* Par la suite, la pensée des Lumières, la Révolution française de 1789 viendront imposer cette idée dans la République. Mais aujourd'hui il m'importe de souligner ce *tous* : nous sommes *tous*, pas seulement ceux de mes origines, de ma caste, de mon village, de mon sexe, de ma religion, de mon quartier, de ma culture, nous sommes *tous* frères et sœurs en République, quel que soit le fatras qui nous différencie, nous sépare, nous segmente, ou nous oppose.

Ce *oui* à l'altérité est le socle sur lequel la République pourra concilier ordre et désordre, c'est la condition des sanctions pour ceux qui la menacent, la condition de l'acceptation pour ceux qui veulent la rejoindre.

On y trouve la liberté d'aller et venir, la liberté de décision, la liberté de critiquer, la liberté de manifester. Dire cela, c'est se couler dans un moule institutionnel et se mettre dans les pas des défenseurs de notre Constitution. C'est évident, mais ça ne suffit pas. Sortons des réflexions binaires et institutionnelles pour affirmer que la liberté est en réalité un choix complexe et difficile. Le prisme absolu de la liberté individuelle face aux choix collectifs qui doivent être faits n'est pas vraiment la liberté ; c'est seulement la primauté de l'individu et le rejet des autres. Croire à la liberté individuelle, c'est certes affirmer qu'elle doit être défendue et étendue encore, mais c'est aussi accepter qu'elle puisse être encadrée et suspendue au profit de la liberté collective. Cela n'est pas simple mais le chemin c'est, là encore, la République et sa devise de liberté.

On y trouve enfin l'égalité. Pas simplement l'égalité des droits ou l'égalité des chances. Il se peut que certaines restrictions de nos ambitions généreuses aient eu un sens au moment où nos sociétés étaient en croissance économique soutenue. Elles n'ont plus lieu d'être dès lors que l'avenir est celui de la modération, du respect de notre terre, et d'une croissance faible. Il faut, aujourd'hui, chercher une égalité réelle. La République, dans la vision que j'en ai et que j'ai appliquée en tant que préfet, est donc nécessairement perturbatrice pour tous les pouvoirs établis, pour toutes les certitudes installées, pour toutes les richesses infondées, pour tous les égoïsmes. Sans cette recherche de l'égalité réelle, le vrai désordre s'installe à moins qu'un ordre répressif n'éteigne toute contestation.

La République aime tous ses enfants et pas seulement ceux qui réussissent, pas seulement ses chercheurs et ses « startupeurs », ses écrivains et ses sportifs. Pour reprendre et détourner la très belle phrase de Dima Abdallah dans son roman *Les mauvaises herbes* (2020), la République « continue à voir la valeur des faibles, des brisés, des échoués, des lâches ». Elle « continue à pardonner aux impardonnables [...] à deviner dans les mauvaises herbes des arbres bientôt immenses ». Elle « aime ceux qui poussent de leur propre chef, qui se moquent bien des qualificatifs qu'on leur donne et qui ont la grâce de la désobéissance [...]. Ceux qui remettent en question par leur simple présence tout le terreau souillé sur lequel le monde pousse. » La République « aime les gens qui doutent. Ceux qui prennent toujours une petite inspiration avant de se précipiter pour répondre. » Elle « aime qu'ils prennent cette inspiration qui connaît le poids des mots et l'importance du sens ». Elle « leur trouve de plus en plus d'élégance ». Elle « aime aussi les gens qui se trompent et qui tombent ». L'écrivaine haïtienne Yanick Lahens ne dit pas autre chose lorsqu'elle parle, dans *Bain de lune*, de « ceux qui sont pauvres depuis le commencement et le resteront jusqu'à ce que résonnent les trompettes du Jugement dernier ». La République est là pour les aimer, c'est aussi sa raison d'être ; c'est en tout cas pour cela que je l'aime. Il ne saurait y avoir d'ordre en République sans une extrême attention aux autres.

Et pourtant tout cela n'est plus une évidence. Ce qui est l'essence même de la République ne semble plus partagé. Est-ce dû à une trop grande richesse face à une trop grande pauvreté ? Est-ce dû à l'émergence des réseaux sociaux devenus les prescripteurs moraux des choix politiques de nos pays en crise ? À la surpopulation mondiale que nul n'ose nommer ? Est-ce dû à la crise écologique, climatique et environnementale qu'il est d'une obligation vitale et urgente de combattre ? Je ne sais. Mais en cette période de crises majeures, la République devrait s'affirmer comme l'avenir de chacun, de la France, de l'Europe et du monde. Or, la République n'est plus ressentie comme telle. Plus gravement elle ne se définit plus et ne se revendique plus comme cela. Le veut-elle encore ? Le voulons-nous encore ?

La République ne doit pas céder un pouce de terrain à ceux qui veulent instaurer un régime de censure sur le territoire national. Cela vaut pour l'islamisme que l'on n'a pas besoin de qualifier de radical car la radicalité lui est consubstantielle ; cela vaut aussi pour toutes les idées que certains minoritaires veulent nous imposer au travers des réseaux sociaux : racialisme, animalisme, et communautarismes en tout genre.

La République ne doit pas céder non plus aux tenants des divers séparatismes qui se cachent derrière des idées de communautés, de territoires qui, disent-ils, valent mieux que les lois de la République ; cela s'applique aux religions, aux séparatismes régionaux, aux éducationnistes de tous bords, et même aux communautarismes énergétiques. La République est une et indivisible. Elle doit simplement et fermement dire non à toutes les séparations, car c'est alors que se crée le désordre.

Elle doit s'opposer à tout ce qui tend à enfermer la nation sur elle-même, à exclure ce qui est autre. Il s'agit là d'une tentation forte dans un moment de grand chamboulement de l'humanité. Ce non est impérieux. Et puis la République doit dire non au désordre au quotidien, aux casseurs, aux délinquants, aux voleurs, aux harceleurs, à ceux qui ne respectent pas l'autre.

La République c'est la faculté de punir sans faiblesse, de rejeter fermement ce qui doit l'être, tout en respectant l'autre pour faire vivre la démocratie et son avenir. La générosité ne saurait être acceptation du désordre et du laisser-aller sous couvert d'un soi-disant respect de la liberté individuelle qui n'est que la loi du plus fort, ou du plus médiatisé.

### *Au quotidien de l'action policière*

On doit revendiquer la force légitime de l'État, seule force acceptable en démocratie. C'est pour moi une évidence.

La police est légitime pour agir, réprimer, interpeller, empêcher et cela dès lors qu'elle agit dans le cadre des lois, sous l'autorité des institutions légitimes, préfet, procureur, et sous le contrôle des juges. Je fais bien sûr l'hypothèse que chacune de ces autorités est normalement républicaine et n'agit que pour l'intérêt général tel qu'elle le ressent.

Pour assurer cet ordre républicain, il convient de se poser la question des libertés individuelles avec deux interrogations : jusqu'où peut aller la liberté individuelle et qui fait respecter les limites, si limites il doit y avoir ?

Faut-il des limites à la liberté ? La réponse est le moins possible ; mais il appartient au législateur de les fixer : nuisance à autrui, nuisance forte et répétée à la cohésion nationale, nuisance aux valeurs qui fondent notre vivre-ensemble. Ce sont les trois limites à la liberté. Et, c'est au gouvernement, au parlement, aux juges, de tracer, dans ce cadre-là, les limites qui s'imposent.

Je suis de ceux qui pensent que pour que la démocratie puisse construire l'avenir il faut accepter des restrictions aux libertés ; il n'y a aucune raison, bien au contraire, que la liberté individuelle prime toujours la capacité du vivre-ensemble.

S'agit-il d'une République autoritaire ? À mon avis, non.

Il s'agit d'une République qui a des règles, (comme elle a des devoirs), et qui les applique fermement. Le désordre, la faiblesse des institutions c'est toujours la victoire des forts sur les humbles, de l'argent sur la vertu. Rappelons-le à ceux qui n'ont à la bouche que le mot galvaudé de liberté. La gauche y a perdu son âme, comme elle l'a fait dans la défense absolue du « moins travailler ». La droite, en faisant des discours plus autoritaristes, oublie que la fraternité est consubstantielle à toute autorité républicaine, de même qu'elle oublie les sujets de l'emploi, de la formation lorsqu'elle dit « travailler plus pour gagner plus ». Encore une fois, sur ces sujets la République doit refuser les choix binaires et porter comme un étendard les contradictions structurelles, évidentes, entre liberté et égalité, parce que la fraternité peut les transcender.

Cela dit, j'assume ma vision d'une police autoritaire et forte, une police nationale et républicaine, à l'œuvre contre les voleurs et les assassins sous l'autorité des procureurs et des juges d'instruction, à l'œuvre contre les casseurs sous l'autorité des préfets. J'assume avoir mis en œuvre la « pratique de la nasse » contre les manifestants et la démocratie ne s'en est pas plus mal portée, je le pense. Bien évidemment, il reste toujours des progrès à faire, mais la France n'est pas une dictature, et les policiers sont contrôlés et sanctionnés s'il le faut. Arrêtons les procès permanents de l'action policière qui font le jeu des extrémistes. Les plaintes contre la police doivent relever de la justice ordinaire, mais il faut filtrer celles-ci et punir les attaques judiciaires et médiatiques contre les forces de l'ordre lorsqu'elles n'ont d'autre fondement que la malveillance.

*Une justice qui sanctionne et éduque*

La justice doit être indépendante, c'est sans conteste ; mais quel sens donner à ce qui est aujourd'hui une évidence ? Pour ma part, je ne suis pas absolument convaincu par la nécessité de l'indépendance du Parquet. Pourquoi quelqu'un qui a réussi un concours de droit dans sa jeunesse serait-il plus légitime à ordonner des poursuites qu'un procureur honnête et libre d'esprit recevant des instructions de la part d'un représentant d'un gouvernement démocratiquement désigné ? La vérité est à la démocratie et non simplement aux juges, y compris pour lancer des poursuites judiciaires. Évidemment, j'hésite à penser de la sorte mais j'aimerais que ceux qui pensent le contraire hésitent aussi. La vérité est là encore dans l'équilibre et le refus de la pensée binaire.

Mais l'essentiel pour la justice est la condamnation comme moyen de rééducation et de réinsertion. Ne limitons pas le débat à des discours larmoyants sur la nécessité pour les familles de faire reconnaître leur statut social de victime, « de faire son deuil » comme il est médiatique de le dire. Le vrai débat est celui de la force éducative de la peine, au-delà de la sanction ou de la mise à l'écart (l'enfermement) pour les individus dangereux. Une peine de prison devrait être, tout à la fois, une mise à l'écart, une punition, et une opportunité de réapprendre sa vie. En ce sens, il nous faut clairement travailler sur les prisons et les centres éducatifs fermés. Voilà pour moi la première des priorités. Je me souviens de la prison de Basse-Terre en Guadeloupe où les détenus étaient « logés » à plus de dix par chambres dans des dortoirs, sur des châlits. Je ne crois pas que cela soit d'une efficacité absolue pour le calme, la paix publique à venir et la réinsertion des délinquants. La prison, lieu de la sanction, lieu de la mise à l'écart pour protéger la société, doit, aussi, et surtout, être le lieu de la réinsertion, de l'éducation, voire de la rééducation si ce mot ne sonnait pas comme un soutien aux régimes non démocratiques et illibéraux.

Je plaide pour que la prison soit une école et un centre de formation professionnelle. Je plaide pour que les seules remises de peine accordées le soient au regard de la réussite à des examens professionnels ou scolaires, ou à des preuves d'insertion dans la vie libre à recouvrer. Je plaide pour que les prisons soient vécues comme des internats éducatifs d'excellence et que, bien sûr, les moyens nécessaires pour cela soient attribués au service de centres pénitentiaires dignes et non surpeuplés. La prison doit permettre à un délinquant de retrouver à la sortie une vie sociale meilleure et non pas être simplement une mise à l'écart temporaire où il continue à apprendre la délinquance.

Rêvons alors que le ministre de la Justice ne s'appelle plus le garde des Sceaux, ce qui n'a plus aucun sens aujourd'hui pour la quasi-totalité des citoyens, mais ministre de la Justice et de l'éducation pénitentiaire.

Il me souvient que, jeune directeur de cabinet en préfecture, donc en charge de ces sujets d'ordre et de désordre, j'avais ordonné aux forces de gendarmerie de ne pas intervenir contre un vieux squatteur, vaguement délinquant, qui dérangeait les habitants du village de montagne dans lequel il s'était installé. Les gendarmes m'avaient consulté parce que les faits qu'on lui reprochait étaient diffus même s'ils semblaient pénibles pour tout le voisinage. Quelques jours plus tard cet individu commettait un meurtre. Il devait être arrêté après une chasse à l'homme difficile. Je m'interroge toujours sur ce qui s'est passé. Erreur d'interprétation liée à l'exercice récent des responsabilités ou erreur d'appréciation imputable à des renseignements insuffisants ? Vingt ans plus tard, je devais à nouveau entendre parler de cet individu lors de troubles survenus à la prison centrale de Poissy où il purgeait sa peine…

Il me souvient aussi de la visite d'un président de la République dans une capitale régionale. Les renseignements territoriaux m'avaient mis en garde contre de possibles graves troubles à l'ordre public, liés à des appels à se rassembler et à agir émis par des groupuscules connus pour leur pratique du désordre et du saccage. Ces groupuscules avaient eu l'imprudence d'indiquer le lieu du rassemblement vers lequel avaient convergé, entre autres, quelques cars d'anarchistes italiens bien connus, suivis par des fonctionnaires de police dès leur passage de la frontière. Une fois tout ce beau monde rassemblé, nous les avons encerclés avec les forces de l'ordre et simplement maintenus sur place toute la journée ; tout s'est très bien passé. Par la suite, le Conseil d'État a déclaré cette pratique policière illégale. Je continue de penser que l'ordre républicain était plus menacé par ces casseurs revendiqués que par cette action pacifique des forces de l'ordre.

L'ordre et la sécurité sont des valeurs démocratiques que certains ont payé de leur vie. Je ne peux m'empêcher de penser encore une fois au préfet Claude Érignac dont j'ai été l'adjoint pendant près de trois ans avant qu'il ne rejoigne son dernier poste à Ajaccio. Le désordre et les voyous l'ont assassiné.

Oui, c'est difficile d'être menacé, insulté sur les murs, de voir sa famille menacée dans sa chair, de découvrir une bombe lorsque l'on arrive sur un lieu pour y exercer ses responsabilités, de devoir être protégé jour et nuit. Oui, ceux qui ont été ou sont encore dans cette situation méritent plus d'attention que les fauteurs de troubles et les voyous, dès lors que nous sommes dans un régime démocratique, avec des élections qui permettent au peuple de choisir ceux qui les gouvernent pendant un temps. Non, celui qui est blessé en ramassant une grenade lacrymogène dans une manifestation interdite, n'est pas un héros. Oui, ceux qui disent avec des cris d'indignation « qu'ils ont été gazés » sont des ignorants de l'histoire, de l'usage des mots, et des ignorants des chambres à gaz : ils font honte à la République. Oui, il est des jours où j'ai mal à ma République qui n'ose s'affirmer et se défendre.

### *Laïcité, l'équilibre à établir*

À mon sens, le communautarisme est désordre y compris quand il s'affiche en matière religieuse ; la laïcité c'est l'ordre de la République. À un moment donné nous avons tous cru, avec les Lumières, que la religion chrétienne avait triomphé sur le fond, et après avec la loi de 1905, qu'elle avait quitté la vie publique pour trouver sa place dans la vie privée, devenir une attitude personnelle, réfléchie. Mais à partir du moment où on laisse rentrer à nouveau la religion dans la vie publique, ça ne facilite pas le vivre-ensemble.

Célèbre comme aucune autre, défendue à l'Assemblée nationale par le socialiste Aristide Briand, Émile Loubet étant alors président de la République française, la loi du 9 décembre 1905 fixe les rapports entre les Églises (les religions) et l'État. Cette loi dite de séparatisme ne s'applique pas à ce que l'on nommait l'Alsace-Moselle, territoire alors rattaché à l'Allemagne après la défaite de 1870. Elle a été conçue en un temps où la religion musulmane était très peu implantée en France. Elle est le résultat d'un long combat mené par les partisans de la séparation de l'Église et de l'État, rassemblant les républicains radicaux et les anciens dreyfusards, sous la houlette notamment d'Émile Combes, sénateur radical, qui fut un président du Conseil de combat dans son anticléricalisme. Tout n'allait pas de soi à l'époque et cette idée de séparation de l'Église et de l'État est fille, comme beaucoup de choses dans notre République, des idées émises lors de la Révolution française de 1789. La paix intérieure avait été ramenée en France par le Concordat de 1801, mais les tensions étaient vite réapparues notamment sur la question de l'enseignement. Quoi qu'il en soit, cette loi est d'abord et avant tout un texte de liberté. Ce n'est pas un texte pour contraindre, c'est un texte pour libérer.

Tout cela est clair. Mais le débat s'est déplacé aujourd'hui, sous l'impulsion de certains imams ouvertement séparatistes, vers le sujet du port de signes religieux distinctifs. Il y a encore vingt ans ça ne posait pas de problème de voir des religieuses portant « cornettes » et voiles ressemblant tout à fait à ceux qui sont reprochés aux musulmanes d'aujourd'hui. Mais la religion chrétienne est en phase, disons, de non-expansion, alors que la religion musulmane est en phase d'expansion. Au surplus, en son sein, les plus radicaux, emploient des méthodes guerrières que n'auraient pas reniées les grands inquisiteurs catholiques ou les acteurs de la Saint-Barthélemy en août 1572. Cela est à combattre avec la dernière force, et jusqu'au dernier souffle. Face à cette haine, face à ces tentatives d'intimidations, restons fermes mais sereins, déterminés et intraitables. L'ordre au service de la liberté ; c'est cela la République. Mais rappelons-nous, comme le disait Michel Serres, que l'on ne chasse pas l'obscurité avec des bâtons, il suffit d'allumer la lumière.

Concluons en relisant quelques lignes de la Déclaration des droits de l'homme et du citoyen de 1789. Tout y est !

> Le but de toute association politique est la conservation des droits naturels et imprescriptibles

de l'Homme. Ces droits sont la liberté, la propriété, la sûreté et la résistance à l'oppression.

Nul homme ne peut être accusé, arrêté ni détenu que dans les cas déterminés par la loi.

Nul homme ne peut être inquiété pour ses opinions même religieuses.

La libre communication des pensées et des opinions est un des droits les plus précieux de l'homme : tout citoyen peut donc parler, écrire, imprimer librement, sauf à répondre de l'abus de cette liberté dans les cas déterminés par la loi.

La garantie des droits de l'Homme et du citoyen nécessite une force publique : cette force est motivée par l'avantage de tous.

Ce sont ces mots qui régissent la constitution de la République, donc l'action publique et celle du préfet. L'ordre au service de la liberté : c'est cela la République.

# V

# Une République qui accueille

5 heures, au petit matin.

Des cars de police, nombreux mais à l'écart qui attendent leurs passagers, des fonctionnaires avec des chasubles bleues marquées « Préfecture de Région », et plus de 2 500 immigrés, certains dormant encore dans des tentes, d'autres hagards dans la rue. Tout près, des manifestants qui veulent, pensent-ils et disent-ils, protéger la dignité des migrants, et me traitent de « salaud » en hurlant sous le regard des CRS. Et puis des nuées de journalistes… qui cherchent l'information, la vérité, l'incident…

5 heures. Paris s'éveille, et j'ai sommeil. Je baigne dans une odeur insupportable de sueur et d'excréments. J'ai peur, mes idéaux sont malmenés. Mais j'ai la conviction qu'il faut agir. La plupart de mes collaborateurs de la préfecture de région sont là, volontaires pour ce travail supplémentaire. S'agit-il d'un travail de solidarité, de fraternité, ou d'un sale boulot de maintien de l'ordre pour protéger des nantis ? Qui sait ce que chacun pense à l'aube de ce jour d'hiver.

Midi. Tous les immigrés ont quitté les lieux. Ils ont été réveillés, parfois alors qu'ils dormaient encore dans ces tentes que certaines ONG leur ont fournies, en croyant ainsi faire acte de révolution, autant que de solidarité. Ils se sont bousculés pour prendre d'assaut les autocars qui devaient les transporter vers une destination qu'ils ignoraient. Il a fallu les canaliser, avec une fermeté presque brutale tellement leur envie de quitter ces lieux était forte. Bien sûr les familles ne sont pas séparées, mais il y a peu de familles.

Dans chacun des cars, qui mettront parfois plusieurs heures à atteindre leur destination, se trouve un fonctionnaire inquiet, généreux mais convaincu que, ce matin-là, la République a fait son travail, en tout cas ce qu'elle devait faire.

Il s'agit, à présent, de rendre compte de cette matinée au président de la République.

Plus de deux mille cinq cents personnes (presque trois mille en réalité) mises à l'abri et qui, pour un temps, seront plus sereines. Elles pourront goûter un peu de calme après leur voyage dangereux, parfois mortel, vers ce beau pays de France, à travers la Méditerranée qui continue à engloutir leurs frères, à travers la Turquie, et des frontières obscures, après une marche en haillons ou la traversée des Alpes par des cols enneigés !

Telle est la version rose de ce qui vient de se passer.

Car la version noire pourrait être qu'il s'est agi de rétablir l'ordre et d'instaurer la propreté dans ce quartier de Paris qui n'en peut plus de la saleté, des cris, du bruit, des vols et de l'insécurité, du désordre ajouteront certains.

L'évènement a deux faces, il a deux lectures…

Que dire donc au Président pour lui rendre compte de cette mission ? Rien ! Je suis arrivé devant lui, si ému, si harassé, si troublé que je ne pouvais parler ; il m'a simplement réconforté. Merci, Monsieur le Président, de votre humanité, ce matin-là.

Il me semble indispensable aujourd'hui que notre République, au cœur d'un mouvement qui ne peut que perdurer, voire même s'amplifier, se questionne enfin sur ce sujet essentiel pour vivre ensemble demain : je veux parler de l'immigration.

C'est un sujet qui nous occupe et nous concerne, nous autres préfets. C'est la préfecture, en effet, qui est chargée d'appliquer les règles relatives à l'entrée et au séjour des étrangers et qui délivre les titres afférents.

Oui, il faut aborder la question de l'immigration, et le faire sans mentir, en disant la vérité, en regardant l'histoire, et si possible avec l'amour des autres.

## *L'Europe comme frontière et comme envie !*

Nos frontières n'existent plus : elles sont désormais celles de l'Europe et c'est bien ainsi. Comment, en effet, peut-on dire, penser, agir avec l'Europe comme espace commun, comme destin partagé et ériger des frontières au sein de ce même espace ? D'ailleurs les migrants n'ont cure de ces frontières administratives et politiques et les murs eux-mêmes, comme au sud des États-Unis, ne font plus obstacle à leur volonté de vivre mieux. Nos frontières avec le monde sont les frontières extérieures de l'Europe, où en tout cas, celles des pays qui ont compris l'absolue nécessité et l'impérieuse ambition d'une politique migratoire commune. Une première esquisse positive de cette vision commune a été mise en place ces dernières années avec la création de l'espace Schengen, le Traité de Dublin ou la création de l'agence Frontex : aujourd'hui, sous la pression des évènements, compte tenu de la dérive politique de certains pays-membres de l'Union européenne, il nous faut tout revoir et fonder une vraie politique migratoire commune. Alors faisons-le avec ambition et réalisme, avec rigueur et humanité. En la matière, la République doit accepter des règles communes dans un espace européen avec les pays qui ont cette même vision. Il faut engager la refondation de l'espace Schengen avec les pays qui le veulent, instaurer des règles identiques d'asile et d'accueil, une solidarité totale et en même temps une pratique sereine mais extrêmement forte de reconduite pour ceux qui n'ont pas vocation à s'installer dans cet espace européen.

Cela commande de bien analyser sa situation.

Il y a, d'une part, une Europe qui vieillit et qui n'assure plus, à terme, le renouvellement de sa population par son seul excédent naturel. En 2019, le taux de fécondité moyen en Europe, en baisse régulière, est de 1,53 enfant par femme alors qu'on estime que pour assurer le renouvellement il faudrait un taux de 2,1. La France et la Roumanie affichent, si l'on peut dire, un score de 1,8 environ, les autres pays beaucoup moins. Ainsi, malgré un taux de chômage élevé, nous avons massivement recours à des travailleurs étrangers pour assurer le maintien et la croissance de notre système économique, comme le maintien de notre confort, car ceux-ci assurent les tâches pénibles que les Européens ne veulent plus remplir. Sans travailleurs immigrés, pas de croissance, pas de confort en Europe ! C'est d'abord cette vérité qu'il faut mettre en lumière.

Il y a, d'autre part et à l'inverse, des taux de fécondité supérieurs ou égaux à 5 en 2016 dans 16 pays du monde dont 15 pays africains (nos voisins outre Méditerranée) qui souvent souffrent de la faim, de la guerre, du dérèglement climatique, des dictatures durables. Pour beaucoup de jeunes Africains l'avenir n'a pas d'autres chemins que celui de l'émigration vers les pays d'Europe, et il y en aura de plus en plus du fait du changement climatique que nous n'arrivons pas à stopper.

Alors, osons dire que dans ce monde, où notre richesse s'étale aux yeux de tous, où le développement de l'Afrique prendra encore du temps quoiqu'il arrive, où le réchauffement climatique entraînera des exodes, que dans ce monde-là les flux migratoires sont une donnée incontournable pour l'Afrique comme pour l'Europe. Ceux qui partent ne sont pas d'horribles pilleurs de nos richesses : ce sont des hommes qui ont faim, qui aiment et veulent aider leur famille et qui, en surplus, par leur venue, aident à maintenir notre niveau de confort.

Immigrés africains, afghans, syriens, vous êtes une chance pour nous ; vous nous apportez votre volonté de réussir votre vie, votre courage, votre intelligence et vos savoir-faire professionnels. Et, grâce à la générosité qui est la vôtre envers votre famille restée sans vous, vous êtes aussi une chance pour les pays d'émigration, vos pays d'origine.

Il faut, bien évidemment traiter à part les étudiants étrangers en France. Ceux-là, dans leur plus grand nombre, ont vocation à retourner dans leur pays, à les développer, à y créer de la richesse : les accueillir est une des contributions majeures que l'Europe puisse apporter à ces pays en devenir. Il y a aujourd'hui plus de 300 000 étudiants étrangers en France et nous devons être fiers qu'ils choisissent nos écoles et nos universités pour construire leur avenir et le futur de leur pays.

Une fois exprimée cette vision optimiste et généreuse de l'immigration en Europe, il faut bien sûr l'organiser et faire en sorte qu'elle ne soit pas perçue comme le « grand remplacement » selon la théorie des « entre-soi ». L'image portée par Jean Raspail dans *Le Camp des Saints* en 1973 est régulièrement ressortie de nos placards littéraires : l'Europe submergée en une nuit par des centaines de milliers de migrants arrivant par bateaux sur les côtes européennes. Au-delà des explications à donner, au-delà de la force de conviction que la République doit manifester, il faut s'organiser, il faut que les pays européens, ensemble, affrontent cette nouvelle réalité : l'immigration en nombre, à la fois chance et danger, espoir et défi pour les pays d'accueil comme pour les pays de départ : espoir pour des millions de gens, crainte pour d'autres.

Il importe de proposer quelques idées qui devraient s'appliquer au niveau européen, par un traité ou un règlement spécifique pour les pays qui s'accorderaient sur une telle politique. Il n'est pas question d'en faire une compétence européenne obligatoire pour tous les pays-membres de l'Union, d'ailleurs, il n'y a pas d'unanimité entre les pays-membres de l'UE pour décider d'une telle évolution. Il est plus simple et plus efficace que les pays qui le souhaitent définissent ensemble cette politique et se réunissent ensemble pour l'appliquer. Pour être efficace, une telle « union migratoire » devrait rassembler à tout le moins, outre la France et l'Allemagne, la Belgique et le Luxembourg, car ce sont nos voisins immédiats et qu'il n'y a plus de frontières avec ces pays, l'Espagne, l'Italie, le Portugal, la Grèce car ce sont les pays d'entrée, la Suède car c'est de tradition un pays d'immigration. Bien sûr, si d'autres pays pouvaient rejoindre ce périmètre, ce serait mieux et je pense à Malte, à la Roumanie avec leurs spécificités très fortes sur ces sujets.

Il faut s'y mettre. Si nous n'arrivons pas à gérer clairement ce phénomène de migrations qui est devant nous pour de longues années nos concitoyens seront jetés dans les bras des populismes extrêmes.

### *Reconduire dignement*

Si la République doit être généreuse envers les immigrés, elle doit être capable de reconduire ceux qui n'ont pas vocation à être durablement sur le territoire français. C'est une condition absolue à la générosité.

Pour ce faire, toutes les actions doivent être menées ensemble ; action diplomatique, action judiciaire, action individuelle, action d'accompagnement.

Au plan diplomatique, des mesures doivent être prises à l'encontre des pays qui refusent de reconnaître leurs ressortissants et donc leur retour sur leur territoire d'origine : la panoplie est large. Mais il est préférable de discuter et de mettre en place des accords positifs avec les gouvernements de ces pays d'émigration. Nos actions publiques de développement devraient toujours s'accompagner de clauses négociées sur le retour des migrants en situation irrégulière.

Au plan judiciaire, il faut aussi être ferme, notamment sur les délais. Toute personne interpellée en situation irrégulière devrait faire l'objet d'une OQTF, d'une Obligation de quitter le territoire français. Celle-ci devrait s'accompagner d'un placement en rétention pendant lequel un jugement devrait intervenir si l'intéressé le souhaite (jugement du tribunal administratif). Ensuite on devrait pouvoir engager une procédure d'appel (l'intéressé étant maintenu en rétention). À l'issue de cette procédure d'appel (et l'ensemble des procédures judiciaires ne devrait pas durer plus de 6 mois), soit l'individu est reconduit soit il est régularisé. Il ne peut pas y avoir de « ni-ni », ni régularisable, ni expulsable après deux jugements. C'est une situation insupportable pour la justice, comme pour les intéressés. C'est une situation incompréhensible pour nos concitoyens et qui entraîne le rejet de la République Bien évidemment, cette procédure doit aussi s'appliquer aux familles.

Politique inhumaine, liberticide, indigne ! À peine parle-t-on de reconduite que l'on a droit à cette litanie ! Et on y a droit alors même que l'on n'a pas précisé qui devrait être les personnes à qui une telle politique s'appliquerait, ni ce que seraient les modalités de reconduite. Ces critiques sont donc irrecevables.

S'agissant des personnes devant faire l'objet d'une OQTF, il devrait s'agir uniquement de celles arrivant au bout d'un processus par lequel elles ont sollicité l'accueil et lorsque celui-ci a été refusé : demande d'asile refusée par l'OFPRA et la CNDA ; refus confirmé de titre de séjour ordinaire ; absence de toute demande depuis plus d'un an ; absence de mesure spécifique d'accueil ; situation illégale sur le territoire français depuis plus de trois ans.

Donc avant de prendre une mesure d'OQTF, il faut analyser précisément la situation des personnes concernées. Restent les centaines de milliers de résidents illégaux présents sur le territoire français. Une procédure existe aujourd'hui, elle est précisée dans ce que l'on appelle la « circulaire Valls » qui prévoit de reconsidérer la situation des personnes présentes sur le territoire depuis plus de cinq ans. Il nous faut la réactiver fermement en abaissant le délai à trois ans.

Aujourd'hui les préfectures et les tribunaux administratifs sont surchargés et les délais s'allongent pour les procédures en place : il faut y remédier et l'on peut gagner en efficacité en supprimant quelques procédures d'appel ou de cassation qui ne sont que l'expression d'un « droit-de-l'hommisme » inefficace.

Les décisions de la CNDA ne devraient pouvoir faire l'objet d'aucun appel. Les arrêts des cours administratives d'appel doivent être sans possibilité de cassation devant le Conseil d'État et surtout une décision judiciaire complète doit automatiquement aboutir à un titre de séjour ou à une reconduite. Dans la crise, le choix binaire s'impose malheureusement sur ce sujet.

L'exécution de la décision de reconduite est évidemment chose difficile puisque la fermeté indispensable doit être appliquée avec humanité.

Peu de gens savent combien coûte la présence en France d'un étranger en situation irrégulière : c'est considérable et si l'on ne prend en compte que le coût de l'hébergement d'urgence (le plus faible est celui sans aucun suivi ni accompagnement) cela fait au moins 9 000 € par an et par personne. Peu de personnes aussi savent qu'il existe des procédures efficaces d'accompagnement au retour, mises en place par l'OFPRA.

Elles me semblent devoir être généralisées. Toute personne isolée ou en famille, faisant l'objet d'un arrêté d'OQTF doit se voir proposer un accompagnement au retour, à savoir : un hébergement temporaire dans un centre avec accompagnant fort (santé, langue), un pécule de départ dont on voit bien que 5 000 € par personne est tout à la fois considérable pour l'attributaire et une économie pour le budget de l'État, une aide à la réalisation de projets dans le pays d'origine par les services extérieurs de l'OFPRA.

Cela fonctionne déjà et pourrait être généralisé. Bien sûr, en échange de cette action, les étrangers en cause se verraient pour les cinq ans à venir refuser l'autorisation de revenir sur le territoire français.

### *Le droit d'asile*

Pour entrer sur le territoire de l'Europe et de la République, il y a le droit au regroupement familial, l'entrée pour faire des études ou suivre des formations, l'entrée pour travailler. Il ne s'agit pas de toucher à ces voies d'entrée sur le territoire national, mais de s'interroger sur le droit d'asile. Il y a là un droit, une pratique reconnue internationalement mais qui fait aujourd'hui polémique. C'est la Convention de Genève de 1951 qui établit les obligations des États en la matière.

Mais, on s'en doute, même si certains refusent de le voir, la situation internationale a bien changé depuis 70 ans.

Les pays européens, héritiers de la pensée des Lumières, engagés collectivement contre les oppressions ne doivent pas s'écarter de leurs obligations en la matière : c'est leur honneur et sans une application stricte du droit d'asile, l'Europe ne serait plus l'Europe.

Aujourd'hui ce sont les situations politiques des pays d'origine qui justifient la demande d'asile. Mais demande ne veut pas dire acceptation et c'est bien ainsi. Les pays européens doivent défendre la possibilité de demander l'asile et confier la réponse à des organismes indépendants : en France, l'OFPRA, puis la CNDA. Leur décision devrait être d'application automatique et être reconnue sur le territoire de tous les pays européens ayant une politique migratoire commune. Le système français des CADA (Centres d'accueil et de demande d'asile) est parfaitement au point, il faut bien le dimensionner. Il conviendrait en outre que les personnes hébergées suivent obligatoirement des cours de français, condition pour voir sa demande d'asile examinée, avec peut-être un engagement sur l'honneur à accepter les lois de la République. Par ailleurs, il serait sain et généreux que les demandes d'asile puissent être déposées dans tous les postes diplomatiques européens dans le monde et être traitées en visioconférence par l'OFPRA et le CADA.

Bien évidemment, un demandeur d'asile débouté devra être reconduit selon les procédures déjà évoquées.

Ainsi définie, une politique d'asile est-elle suffisamment généreuse ? Il faudrait y ajouter deux points. Le premier serait, en cas de décision positive d'asile du premier degré de juridiction, l'OFPRA, l'application immédiate et sans appel. Le second serait la création, non pas d'une liste de pays sûrs et de pays non sûrs comme c'est le cas aujourd'hui, mais une liste variable et éphémère (dans le temps, selon les évènements) pour lesquels l'asile serait accordé de droit sauf décision contraire motivée ; un renversement de charge de la preuve pour ainsi dire.

Il y a encore la question de l'errance des demandeurs d'asile : c'est une situation inacceptable dans l'Europe aujourd'hui. Des mesures strictes de mises à l'abri doivent être prises, qui supposent moyens et fermeté.

Des mesures d'évacuation des campements doivent être organisées régulièrement et les étrangers isolés dans la rue doivent eux aussi mis à l'abri de manière ferme. Il est nécessaire de lier cette politique dite d'évacuation ou de mise à l'abri à la mise en place de nombreux sites de premier accueil afin que l'on puisse établir les identités, dispenser des soins et orienter vers des CADA ou des centres de préparation au retour pour les demandeurs d'asile déboutés. Les « dublinés », personnes déboutées en provenance d'un autre pays européen, devront être considérés comme déboutés aussi du territoire français. Précisons que toute personne refusant ce processus doit être reconduite.

Reste un dernier sujet : celui de l'asile climatique. Les pays européens s'honoreraient de reconnaître le droit à l'asile climatique. La sécheresse, la montée des eaux, les chaleurs insupportables rendent des régions entières de notre planète inhabitables. Et pour être complètement honnêtes, reconnaissons que les pays développés sont largement responsables de cet état de fait ! Mais surtout je ne supporte pas de voir mourir mes semblables, mourir peu à peu, sans qu'ils ne soient en rien responsables, et sans que nous ne fassions rien. Créons pour l'Europe des passeports de réfugiés climatiques en provenance des zones qu'il nous appartiendrait de déterminer régulièrement et pour un temps. Les citoyens européens se grandiraient eux-mêmes avec une telle décision. C'est une question d'honneur !

Enfin, avant de parler de l'accueil de nos frères migrants, je voudrais dire un mot des drames que je ressens et des interrogations qui sont les miennes lorsque je lis ce qui se passe en Méditerranée. L'association SOS Méditerranée est-elle un passeur irrégulier « gratuit », un complice plus ou moins volontaire des trafiquants d'êtres humains qui mettent en esclavage, puis dépouillent ceux qui ont déjà traversé la moitié de l'Afrique pour arriver en Lybie et partir dans des embarcations incertaines vers Lampedusa, Malte ou la Sicile ? Si ce type d'associations n'existait pas, de telles horreurs humaines pourraient-elles exister ? N'est-ce pas parce que ces associations existent que, finalement, ils et elles prennent la mer ? Eh bien la réponse est oui ! Mais cette association a quand même raison de faire ce qu'elle fait !

Elle a raison parce que la République ne sait pas encore donner la réponse qui doit être la sienne au sujet des migrations.

Année 2000. Je suis convoqué en tant que préfet de Guadeloupe à une réunion interministérielle à l'Hôtel de Matignon pour parler des migrations sur l'île. Il s'agit d'un bateau de trafiquants humains chinois qui a « balancé pardessus bord » sa cargaison humaine au large de Saint-Martin où les corps sont venus s'échouer. J'avais tenu à leur assurer une sépulture digne et à faire apposer une plaque de souvenir. Elle y est encore mais la presse, hormis *Libération*, ne s'était pas intéressée à ce sujet. Or voilà que lors de la réunion, un jeune conseiller entreprend de critiquer la position prétendument laxiste de la préfecture. Ma réponse a cinglé, malgré moi, horrible, mais je la crois toujours d'actualité en parlant des personnes secourues en Méditerranée : « Tant que vous n'aurez pas vu des Haïtiens échoués sur les plages, des morceaux d'êtres humains sur les rivages de la Guadeloupe, nous ne parlerons pas la même langue. Taisez-vous, vous n'avez pas droit à la parole ! »

### *Intégrer*

Une fois rappelée la fraternité des hommes, autrement dit accueillir ou reconduire dignement, nous devons nous organiser pour intégrer les nouveaux membres de cette famille qu'est la République.

Rappelons-nous alors cette assertion de Rilke qui ferait une belle devise pour la République : « Nous devons nous tenir au difficile. » [*Lettre à un jeune poète*, Lettre VII.]

Les personnes ayant obtenu l'asile ou un titre de séjour ordinaire, entrent normalement dans le droit commun des politiques publiques : c'est bien mais c'est insuffisant pour que la France bénéficie pleinement du dynamisme créateur de ses nouveaux citoyens et que ceux-ci puissent construire pleinement leur vie.

La question géographique des titres de séjour n'est, curieusement, jamais abordée. Pourquoi ne pas imposer, au moins pour quelques années, des titres de séjour qui ne seraient valables que dans certaines zones. En dehors de la question du besoin de salariés dans tel ou tel secteur économique, ne peut-on imaginer que les titres de séjour ne soient pas valables dans les régions ou départements où se font sentir des tensions d'intégration. Ainsi, sauf exception de regroupement familial ou besoin de telle ou telle profession qualifiée, les titres de séjour ne seraient pas valables à Marseille, en région Île-de-France, dans la Métropole de Lyon. Ces dispositions permettraient en outre de redonner vie à des zones aujourd'hui moins densément peuplées et en difficulté de ce fait. Le département de la Lozère se vide, la Haute-Corrèze aussi… Les écoles ferment et les maisons sont abandonnées. Pourquoi ne pas essayer. Bien sûr ressurgira le débat sur les libertés individuelles que nous, nantis, nous mettons dans la bouche de ceux qui ne se sont pas exprimés. Cela n'a aucun sens. Il s'agit de sauver des hommes et des femmes, de sauver des vies. C'est une aventure collective devant laquelle le débat sur une prétendue liberté individuelle doit s'éteindre.

Chaque nouveau citoyen de notre République doit bénéficier d'un accompagnement dans son intégration. L'idée d'une contractualisation des actions à accomplir entre l'État et les collectivités locales est évidemment la bonne. Les structures de logements spécifiques et provisoires pour les nouveaux entrants doivent être multipliées : elles existent déjà sous le nom de CPH (Centres de premier hébergement), et sont gérées avec générosité et professionnalisme par des associations. Celles-ci ont en charge l'intégration individuelle des personnes accueillies : formation professionnelle ou recherche d'emploi, apprentissage de la langue, scolarisation des enfants, recherche enfin d'un logement définitif.

Évitons de récréer les foyers de travailleurs migrants d'hier : ce n'est pas digne de notre République d'aujourd'hui même si c'était une des solutions proposées il y a des années. Mais l'objectif était alors uniquement de pouvoir disposer d'une force de travail pour notre économie en croissance. Ce ne saurait être le même but aujourd'hui dans les années 2020. De même qu'il n'est pas aujourd'hui acceptable de loger ces personnes dans des hôtels, pour des prix élevés sans accompagnement.

Tout cela définit-il une politique d'immigration profitable à l'Europe, profitable à ceux qui ne peuvent plus vivre dans leur pays d'origine ? Je le crois. Mais la difficulté de mise en place est immense.

Sur le territoire de l'agglomération lyonnaise, il y a presque dix ans, se trouvaient des Roms. Installées dans des campements sordides près de divers carrefours routiers, ces populations n'étaient pas soignées, les enfants n'étaient pas scolarisés, et les adultes étaient sans emploi ni formation professionnelle si ce n'est une belle aptitude à faire la manche. État et associations ont alors décidé ensemble qu'il fallait agir pour ces étrangers qui étaient en situation régulière puisqu'ils étaient de nationalité roumaine et donc Européens.

Le programme s'est développé de la manière suivante : prévu pour durer de deux à trois ans, il reposait sur une association maîtresse d'ouvrage, ensemblier du dispositif avec l'appui constant et permanent de l'État. Chaque famille devait signer un contrat spécifique dans lequel elle s'obligeait à accepter le logement d'intérim qui lui serait proposé avant un logement définitif, à ce que les enfants aillent à l'école, à accepter toute proposition de formation professionnelle pour les adultes, et à cesser définitivement toute activité de mendicité. Tout écart à ces obligations ferait sortir la famille du dispositif d'insertion. En échange, l'État et les associations les feraient bénéficier d'un accompagnement renforcé : logement, droits sociaux (y compris RMI), suivi scolaire, proposition de formation professionnelle, recherche d'emploi.

Le système a fonctionné. Il est toujours dans la mémoire de ceux qui ont participé à cette aventure d'accueil véritable, de fraternité républicaine. Ainsi, l'autre jour, dans un taxi, à Lyon, le chauffeur ayant entendu mes communications téléphoniques me dit tout de go : « N'êtes-vous pas le préfet Carenco ? Je suis un enfant d'Andatu. Vous m'avez donné la vie. Aujourd'hui, je possède plusieurs taxis et une plateforme d'appel. Je n'oublierai jamais ce que vous avez fait. » L'émotion est là et les larmes montent aux yeux.

Oh oui, j'aime ma République lorsqu'elle sait réussir cela !

# VI

# Et si la République c'était « la sociale » ?

Vous ne la connaissiez pas ! Pourtant l'association Coallia c'est, en 2022, presque 450 millions d'euros de chiffre d'affaires, plus de 4 500 salariés et des centaines de centres de coût parfois regroupés dans un même immeuble.

Chaque nuit, l'association loge ou héberge des travailleurs immigrés, des irréguliers, des sans-abris, des demandeurs d'asile, des trop pauvres, des trop vieux, des malades, des gens perdus dans notre société, des personnes en réinsertion : mineurs étrangers non accompagnés, prostituées qui veulent s'en sortir, etc. Tous les rejetés de notre société d'abondance.

Ce sont des milliers de gens chaque nuit.

Coallia est le successeur des foyers AFTAM de Stéphane Hessel, peut-être aussi de l'exemple de Mère Teresa.

Dans près de 40 départements, y compris désormais outre-mer, des professionnels – il n'y a pas de bénévoles à Coallia – travaillent pour accueillir, insérer, protéger : ils accomplissent, ce faisant, un devoir de fraternité, de générosité.

Le dernier ministre en charge de l'hébergement sous le quinquennat de François Hollande m'avait demandé de prendre la présidence exécutive de cet établissement. Il n'y avait plus ni président, ni directeur général et l'association n'avait plus les fonds pour payer les salariés. C'était en 2017.

Aujourd'hui le problème est de gérer une croissance malheureusement trop rapide ; je dis malheureusement, parce que cela signifie que le nombre de personnes dont il faut s'occuper a augmenté.

Tout cela a un coût mais la République sait le faire. Tous ceux qui sont concernés : résidents, État, collectivités locales, assurent en effet, d'une manière ou d'une autre, par le loyer, le prix de journée, les prestations, les dotations, le financement de ce service public géré comme une quasi-entreprise, par une association.

Comme une entreprise ? Pas tout à fait. Il n'y a pas de rémunération du capital, puisqu'il n'y a pas de capital. Les administrateurs sont bénévoles tandis qu'une attention particulière est apportée aux salariés. Notre priorité ce sont les résidents et nous répondons présents à toutes demandes de l'État ou des collectivités locales dès lors que l'action est financée.

Pourquoi donc évoquer cela ici ? Parce que cela existe et que la République fonctionne. Il faut que cela se sache.

Mais aussi parce qu'en dehors du cas particulier de Coallia, le préfet est chargé d'appliquer les politiques de lutte contre les exclusions, qu'elles concernent le logement, l'hébergement, l'emploi, et j'ajouterais, même si cela relève d'une autre mission préfectorale, le développement économique sans lequel toutes ces politiques sociales ne sauraient exister. Oui, le préfet est engagé non seulement dans l'action mais encore dans la réflexion sur ces questions.

Qui sont difficiles, il faut le reconnaître.

Nous n'acceptons pas de fermer nos maisons de retraite en zone rurale même si elles n'ont que vingt résidents et la suroccupation des foyers de travailleurs est une donnée qui rend compliquée la maintenance des immeubles alors que c'est un mode de vie qui permet aux migrants d'envoyer de l'argent à leur famille. Oui, c'est difficile, mais c'est un peu la République sociale dont on peut rêver pour l'hébergement. Il faut juste en faire plus : plus numériquement, plus humainement en se donnant les moyens d'un meilleur accompagnement social, plus en étant plus proches des exclus car il s'agit d'organiser la lutte, et donc nos structures, pour répondre à la différenciation des pauvretés.

Mais quel plaisir de réussir, de rassembler, d'œuvrer ensemble ! C'est là une réalisation de la République sociale telle qu'on la désire.

Cela n'exclut en rien la rigueur de la gestion dans le recouvrement des loyers, dans la lutte contre la COVID, dans les économies à faire sur les consommables : eau, électricité, etc. Et cela suppose un dialogue constant avec les maires dont beaucoup ne voient pas d'un bon œil l'arrivée de ces populations dans leurs communes.

Quand de telles associations, Coallia mais aussi toutes les autres, Aurore, France Terre d'Asile, Gammes à Montpellier, France Horizon, Forum Réfugiés à Lyon, etc., agissent, la République se construit, et nous construit.

Écoutons Lyonel Trouillot, l'admirable auteur haïtien :

> Honte à qui n'a pas su rendre l'amour à l'amour.
> Honte à qui n'a pas su ouvrir sa main à l'autre comme une ligne de chance.
> Honte à qui prit pour lui seul l'eau et le bois de chauffe, le sel et pain doux, et puis ferma sa porte.
> Honte à la langue fourbe comme aux lèvres fermées au baiser !
> Le poing remplace la paume, les mains tournent le dos !
> Honte au dos que l'on tourne au passant sans aumône, au mendiant sans étreinte.
> Honte à qui prend sans rendre.

Merci Lyonel Trouillot de m'aider à rêver ma République.

Sociale, c'est le caractère que l'on accorde à la IIe République. Je ne crois pas qu'elle ait été révolutionnaire, mais simplement très républicaine après les monarchies conservatrices de la Restauration et la dérive libérale de Louis-Philippe.

1848, l'Europe se soulève et en France, le fils de Philippe Égalité abdique. Il se forme alors un nouveau gouvernement dans lequel on trouve des républicains modérés et éclairés, tels Lamartine et Arago, et des promoteurs de « la sociale » tel Louis Blanc. Il m'importe de rappeler qu'après la dérive autoritaire et trop bourgeoise de Louis-Philippe ce gouvernement a, en quelques jours, rétabli la République, supprimé l'esclavage, institué le suffrage universel (uniquement pour les hommes), établi la liberté de la presse, créé les ateliers nationaux ! Bonheur absolu de la réussite républicaine. Certes, très rapidement, lors des premières élections, ce sont les partisans de l'ordre qui l'emportent sur les partisans de « la sociale » et Louis-Napoléon, neveu de Napoléon Bonaparte, devenu empereur après le coup d'État de décembre 1851 aura cette formule : « Il est temps que les bons se rassurent et que les méchants tremblent ! » Tout un programme !

Il n'empêche, le début de la IIe République est à méditer, à regarder, à approfondir si l'on veut faire pleinement œuvre républicaine quant à l'égalité sociale. La période fut tumultueuse mais j'aime cette République où Proudhon, Victor

Hugo, entre autres, furent élus députés, cette République qui, certes, se solda par des milliers de morts sous les ordres du général Cavaignac, mais qui, sous les mots de Lamartine, a rétabli le drapeau tricolore. Cette IIe République est un rêve trop vite effacé.

Aujourd'hui, les temps ont heureusement changé et la République est bien établie, même si parfois nous en doutons et si le combat reste encore nécessaire. Aujourd'hui, la recherche de la croissance infinie est révolue et c'est bien ainsi. Demain sera nécessairement plus frugal et plus respectueux de notre planète. Demain le travail, pourtant valeur très forte de la République, devra être partagé, autant parce que les machines auront remplacé la force des bras que parce que le besoin de produire sera moins fort. Dans tous les cas, le travail sera réorienté vers des activités de services, et, espérons-le, de solidarité. Demain, c'est-à-dire dès aujourd'hui, les réseaux sociaux, quelles que soient les horreurs engendrées par cette pseudo-démocratie médiatique, rendront insupportables les inégalités fortes et les exclusions économiques. Et dans le même temps, nous aurons les moyens, la technologie, et j'espère la vertu, d'établir enfin la réalité de ce mot inscrit au fronton de tous les édifices publics : « Égalité. » Pas une égalité de chances, pas une égalité de droits et de discours, non une véritable égalité de statuts, de revenus, de droit au bonheur.

Tirons les leçons des rêves des idéalistes utopistes du XIXe siècle et ne réhabilitons pas les dérives autoritaires de ceux qui croient à la dictature du prolétariat et prônent le désordre.

Le but à atteindre devra se faire sous contrainte financière car la réalité durable n'est pas le « quoiqu'il en coûte » qui a été évidemment indispensable en temps de COVID mais qui ne peut que cesser.

Le dernier budget présenté en équilibre au Parlement français remonte à 45 ans, c'était avec M. Raymond Barre comme Premier ministre de Valéry Giscard d'Estaing. Depuis, il n'y a eu que des budgets en déséquilibre ! Le doute peut nous étreindre sur le caractère important de l'équilibre budgétaire. Sans en faire un totem, inatteignable et nocif comme tous les totems, il convient de s'en préoccuper très fortement, surtout avec la dette publique qui ne cesse de s'alourdir.

Mais plusieurs sujets doivent être abordés si l'on veut aller vers cette égalité réelle dans le droit au bonheur.

Le premier est celui du revenu universel. L'idée est que nul ne soit privé des moyens de vivre correctement. Pour cela, fixons des règles drastiques. Toute fraude doit être lourdement punie et sanctionnée de la privation des revenus publics et pourquoi pas des droits civiques. Ce revenu universel doit réellement être universel et remplacer toutes les autres prestations sociales : RSA, minimum vieillesse, prestation handicapée, APL, indemnités chômage de base, allocations familiales, pour ceux qui en bénéficiaient. Le financement devra reposer sur les dépenses déjà constatées, l'allongement de la durée du travail par le recul de l'âge de la retraite et des recettes complémentaires.

S'agissant de la durée du travail au cours d'une vie, soit de vingt à soixante ans pour une durée de vie de quatre-vingts ans, cela devient ridicule. Si nous gardons ce cadre général et considérons que sur une vie de quatre-vingts ans nous travaillons pendant quarante ans, nous pouvons nous livrer à ce simple calcul : nous travaillons 1 560 h/an × 40 = 62 400 h pour une durée de vie de 80 × 24 × 365 = 700 800 h. Autrement dit, dans notre vie d'humain occidental, nous passons seulement 8,9 % de notre vie à travailler ! Il n'y a donc pas de raison de ne pas prolonger la durée de travail et la solution la plus fiable, parce qu'elle est modulable selon la pénibilité du travail au cours de la vie active, est aujourd'hui de reculer l'âge de la retraite à 65 ans. S'agissant de ressources supplémentaires, il n'est pas absurde de proposer deux tranches de fiscalité supplémentaire, une à 50 % et une autre à 55 %. De même, l'ISF ayant été supprimé et c'est très bien ainsi, surtout si l'on augmente l'impôt sur le revenu, on peut augmenter les droits de succession.

Je plaide simplement pour que l'on refasse tous les calculs avec de nouvelles règles simples. Qu'il n'y ait qu'une seule allocation par unité familiale, qui, si elle permet de vivre, ne soit pas un découragement au travail pour ceux qui sont en âge et en capacité de le faire. Ceux qui, manifestement, refuseraient de prendre un travail, devraient, bien sûr, être exclus du système. Il faudrait introduire un retour à l'État des avoirs de la personne aidée en fin de vie, lorsque les sommes allouées dépassent un plancher fixé. Il faudrait encore faire en sorte que les familles prennent en charge qui leurs parents, qui leurs enfants. Ne vous êtes-vous jamais interrogé en croisant un SDF âgé pour savoir qui sont ses enfants et ce qu'ils font ? Même question pour un SDF jeune, qui sont ses parents et ce qu'ils font. Que l'on instaure une caisse unique pour s'occuper de cela, mais une caisse gérée par les territoires afin qu'un regard social puisse être porté sur chacun et qu'un véritable travail d'accompagnement puisse être mené.

Tout cela peut paraître utopique et irréaliste. Mais commençons, pour voir. Commençons simplement par les allocataires actuels des prestations existantes. S'il y a des recettes suffisantes et que cela fonctionne, il sera temps d'élargir la base des allocataires. Au moins, travaillons, négocions. La République ne peut se résoudre à l'exclusion.

Je crois possible d'allouer un revenu universel mensuel de base à hauteur de 1 000 euros pour une personne seule, 1 500 euros pour un couple, plus 400 euros par enfant à charge. Chiffrons cela sérieusement et comparons la dépense aux allocations versées aujourd'hui et qui seraient supprimées.

Vient, ensuite, la question des immigrés. Ma conviction est qu'un étranger régulier en France n'est pas tout à fait un étranger. Il fait partie de notre communauté et ses enfants seront Français : il convient donc de leur donner les clefs de leur futur. Dès lors, un étranger régulier en France doit être traité comme une personne née en France. Rappelons que dans la République, il n'y a pas deux ou trois types de citoyens traités différemment.

Le deuxième sujet dans cette réflexion est celui du logement et de l'hébergement. C'est encore plus simple : personne ne devrait être laissé dans la rue et toute personne hébergée en urgence devrait avoir droit à un accompagnement social renforcé. Pour tout dire, on n'en est pas très loin. C'est une question d'organisation et de volonté politique ; il ne s'agit pas de faire, puisqu'on fait déjà largement, mais d'avoir le courage d'imposer ce que l'on fait à l'opinion publique et à certains maires. En 2020, il n'y a jamais eu autant d'argent dépensé pour l'hébergement des plus démunis, et il n'y a jamais eu, depuis plusieurs années, aussi peu de logements construits. Il faut dire ce que l'on veut. Construire du logement : on ne manque pas d'argent pour cela, y compris pour construire des logements à loyer modéré. Pourquoi ne le fait-on pas ? Parce que les maires ne veulent pas, croyant protéger leur commune contre la mixité sociale qu'ils assimilent au mal. Cela suffit ! Il existe un moyen simple, radical et démocratique de changer cela : donnons au préfet le pouvoir, le devoir, de signer les permis de construire des HLM dans toutes les communes n'ayant pas atteint le quota légal de 25 % de logements sociaux. Oui, il suffit ! Si les commissions d'attribution effectuent leur travail, peu à peu le nombre de sans-abris diminuera et progressera la mixité sociale, c'est-à-dire simplement le fait de vivre ensemble. Ajoutons bien sûr que l'on sait parfaitement construire de beaux logements HLM, durables, dans un espace agréable. On sait même mélanger HLM et non HLM dans un même immeuble.

Le système de financement des constructions HLM fonctionne. Il faut veiller à ne pas le réduire, voire le détruire. Il faut le sanctuariser sur la durée et le programmer publiquement. Quant aux outils de gestion, ils existent et sont plus que performants, veillons à les optimiser tout en les préservant.

Reste la question de l'hébergement. C'est une question importante tant que l'effort de construction de logements sociaux et la politique d'intégration n'ont pas porté leurs fruits. C'est aussi une question durable pour des cas spécifiques : accident de la vie pour certains, non-départ dans la vie pour d'autres, arrivée dans une nouvelle vie enfin pour les immigrés ; nul d'entre eux ne doit dormir dans la rue et nul d'entre eux ne doit être hébergé sans perspective, c'est-à-dire sans l'appui de travailleurs sociaux. Cela est possible, cela est faisable. Des associations, des maires, le gouvernement travaillent la main dans la main pour faire exister un hébergement et un logement dignes pour les citoyens de France. Mon expérience me convainc qu'il est possible de faire plus et mieux sans crédits supplémentaires. Il serait hors de propos ici de rentrer dans le détail de l'organisation à mettre en place, mais tous les « intervenants » de cette problématique connaissent le chemin à suivre.

Poursuivons à présent avec le travail. Nous l'avons dit : le travail est une valeur républicaine et j'ajoute que c'est tout à la fois un droit et un devoir. Travailler pour gagner sa vie, travailler plus pour gagner plus si on le souhaite, mais travailler pour créer sa vie sociale, travailler en plus gratuitement si on le désire. La République, ma République est celle des citoyens qui travaillent, car outre le revenu, le travail c'est un lien social, une cohésion, une création de richesse, une création tout simplement.

Oui, la République sociale est aussi une République qui fournit du travail à tous ses enfants.

Le développement de l'emploi, le développement économique – il est difficile aujourd'hui de dire la « croissance économique » – c'est certes un objectif de puissance et de gain financier pour certains, c'est surtout un objectif social pour tous. Il nous faut donc construire un développement économique qui profite à tous les citoyens de France.

Nous pouvons nous organiser pour construire un avenir économique qui existe hors de la dictature du court-termisme financier et de la surconsommation destructrice de notre terre. Nous pouvons, tout à la fois, préserver la création d'emplois et de richesse pour tous et favoriser les initiatives créatrices de valeurs, les investissements à long terme, en restaurant notre planète. Ce n'est pas la quadrature du cercle, c'est un développement voulu et maîtrisé de notre capacité de bien vivre et c'est le rôle de nos institutions démocratiques de défricher et de nous ouvrir ce chemin. Bien sûr ce chemin ne peut être qu'européen. C'est avec nos partenaires et les institutions de l'Union qu'il faut construire cet avenir. Sans eux, sans elles, il n'existe pas. Avec eux, c'est une route peut être escarpée mais c'est la seule qui existe, face aux empires économiques qui nous entourent et qui n'ont pas nécessairement les mêmes valeurs que celles de la République.

Notre avenir économique, c'est-à-dire l'emploi de tous et de chacun, notre richesse, c'est-à-dire notre capacité à disposer de biens et de services utiles à notre vie quotidienne, ne peut se construire en dehors des valeurs universelles qu'il nous faut constamment rappeler et mettre en avant. L'absence de réflexion, l'absence de valeurs humanistes dans les choix effectués, l'effacement de l'aventure collective de nos sociétés au profit d'une prétendue liberté individuelle totale et générale dans la création de richesse et la consommation ont conduit à tous les excès et aux problèmes d'aujourd'hui : inégalités, consommation des richesses de la planète, pollution, migrations et guerres.

Oui, les guerres, les massacres, les populations déplacées sont de nouveau d'actualité car les terres deviennent arides et les fleuves s'assèchent ! Oui, les dictatures fleurissent car l'attrait de l'argent et le rejet de l'autre ne sont que les mirages des moteurs de l'économie. Tout cela parce que nous n'avons pas su dire la vérité, nous n'avons pas su agir pour fonder notre économie et donc notre cohésion sociale sur les valeurs d'humanisme et de fraternité.

Mais il n'y a pas d'impossible cohabitation entre ces valeurs et l'absolue nécessité de faire en sorte que le progrès économique permette à l'homme, à tous les hommes, à toutes les femmes, de s'épanouir et de vivre plus heureusement leur court passage sur notre planète minuscule et perdue au milieu de l'univers.

Alors quelles sont ces valeurs qu'il faut mettre en avant systématiquement dans nos choix économiques ? Il faut, pour commencer, mettre en avant la volonté de ne pas détruire les ressources de notre planète au-delà de ce qu'elle est capable de nous donner et de préserver la faune et la flore, autrement dit, de préserver sa capacité à se reproduire au-delà des prélèvements strictement nécessaires et souhaitables. On doit ensuite privilégier la création des emplois les plus durables et partagés possibles ainsi que la capacité à produire des biens et des services accessibles au plus grand nombre. On doit, enfin, marquer la préférence du moyen et du long termes et refuser la création ou le développement d'activités qui engendrent ou amplifient des conflits entre nations.

Il nous faut imposer ces valeurs comme socle de toutes les décisions économiques en France et en Europe. Elles ne s'opposent pas aux autres objectifs de notre vivre-ensemble. Bien au contraire, elles en sont la condition première. Maintenant, ces décisions, ces mesures, devront, bien sûr, être concertées pour tenter de trouver un consensus dans leur application. Elles devront être expliquées, et prises selon les procédures légales, c'est-à-dire parlementaires, réglementaires ou conventionnelles selon les cas. C'est la confiance et l'adhésion qu'il faut susciter. L'urgence et la nature de ces décisions ne doivent pas autoriser des procédures contraires aux règles en vigueur.

Quelles sont prioritairement les mesures et les décisions à prendre pour mieux construire notre avenir ? Tout d'abord, supprimer les impôts de production pour les remplacer par les impôts sur les recettes ou les bénéfices des sociétés. Puis, instaurer un droit d'acquisition prioritaire pour tout achat d'actions d'une société en difficulté installée en France dans le domaine industriel : droit d'option au profit de banques, sociétés ou structures à capitaux français ou de l'État en dernier ressort. Il nous faut relocaliser (en partie) les décisions concernant notre avenir. Je voudrais prôner l'instauration d'un mécanisme favorisant les entreprises installées en Europe lors des appels d'offres publics. C'est bien d'une règle européenne dont il s'agit. Il faut changer la pensée initiale de l'Union sur ce sujet. Je voudrais prôner encore la suppression de la taxe foncière pour les entreprises industrielles. On pourrait aussi diviser l'impôt sur les sociétés par deux pendant les cinq premières années d'une implantation industrielle, c'est un investissement d'avenir, et pourquoi ne pas donner une part de cet impôt aux collectivités ?

Outre ces questions financières et fiscales, c'est un environnement repensé du renouveau industriel qu'il convient de mettre en place sans perdre de vue les questions d'environnement qu'il serait préférable de nommer « empreinte écologique ».

Il sera loisible de le faire en développant fortement les formations dans les secteurs où la technicité s'accroît, en faisant financer par les pouvoirs publics la création de zones industrielles desservies et alimentées en énergie. Les choix politiques effectués récemment sont une vraie avancée, mais il faut développer plus encore la recherche dans les secteurs d'avenir et les secteurs créateurs d'emplois industriels. Le monde est en évolution technologique et la France et l'Europe doivent investir dans leur avenir en limitant les recours administratifs comme cela a été fait dans le domaine de l'éolien en mer. La défense de l'environnement ne saurait être la défense des égoïsmes et des privilèges. Enfin il convient de ne pas reculer devant une prise de participation publique majoritaire et transitoire dans des entreprises de secteurs industriels vitaux lorsqu'elles sont en difficulté. Il faut arrêter avec ces blocages purement idéologiques du temps du capitalisme monétaire triomphant.

Notre économie devra être totalement respectueuse de la planète et les autorisations administratives d'exploiter ne devront pas être données si tel n'est pas le cas. Il n'est pas besoin d'en dire plus. La réduction de notre empreinte écologique est une priorité qu'il appartient aux pouvoirs publics de faire respecter.

Enfin, le système bancaire et le système de distribution doivent eux aussi favoriser le renouveau industriel. Concernant les banques, françaises et européennes, pourquoi ne pas exonérer d'impôts sur les sociétés les bénéfices qu'elles pourront tirer d'actions de prêts ou de prises de participation en faveur de sociétés industrielles nouvellement installées en France et en Europe, pendant les premières années ? Pour le secteur de la distribution qui a largement favorisé la vente de produits à bas coûts en provenance de l'étranger, la réflexion est plus difficile mais elle doit être menée sans concession. D'abord, parce qu'il y a le libre choix du consommateur, ensuite parce que le « e-commerce » est désormais très fortement installé dans notre pays : revenir au fait de n'acheter que des produits fabriqués en France ne peut se faire que par le biais de mesures administratives, ce qui ne marcherait pas et serait contraire à toutes nos règles. En revanche on peut obliger à écrire sur les paquets de manière très visible le pays d'origine. S'agissant des produits alimentaires, il convient de développer les circuits courts et donc les marchés sur les places des villes et des villages, lieux de vie, mais aussi lieux économiques de demain, comme d'hier. Le mouvement en ce sens semble s'amorcer, il faut le poursuivre sans nier l'action menée par le « e-commerce » et les grandes surfaces : on ne s'en passera pas et c'est bien.

## *L'impôt, une contribution volontaire*

Voilà le vrai chemin économique et social. Pour clore ce chapitre parlons impôt, c'est-à-dire contribution volontaire. Rappelons que l'impôt est voté par le peuple, ici le Parlement dans le cadre de notre démocratie représentative, et qu'il est donc une contribution librement consentie à la marche de la nation, à la réalisation des politiques voulues par ce peuple lui-même. Pourquoi diantre cette vérité première de la démocratie et de la République n'est-elle pas plus souvent rappelée ? Pour ma part, je pense que payer l'impôt c'est bien et que si l'on en paye, c'est que l'on en a les moyens. Bref, arrêtons ce spectacle et ces discours absurdes contre l'impôt. Certes, l'impôt ne doit pas spolier les individus, certes les taxes ne doivent pas brider l'envie d'initiative – encore qu'à mon sens, même si cela rapporte moins, l'initiative entrepreneuriale gagnante, la création culturelle reconnue, resteront des aventures exaltantes –, certes l'héritage fait partie de ce que nous sommes, mais j'ose écrire comme une profession de foi collective : l'impôt c'est bien, une République qui s'appuie sur un État riche et capable d'agir, c'est très bien. Vive l'impôt !

À présent, qui paye et sur quelles bases ? L'histoire, les crises à résoudre, les changements politiques ont sédimenté la nature des ressources publiques sans qu'il y ait eu de réel débat démocratique de fond sur le sujet. Il semble possible, à bien y réfléchir, de classer les impôts et taxes en quatre catégories. Il y a, pour commencer, les impôts de cohésion ; c'est par excellence l'impôt sur le revenu, un impôt progressif qui s'applique sur tous les revenus, tel qu'un euro de pension devrait être taxé au même titre qu'un euro de salaire, un euro de revenu financier ou un euro de revenu culturel. Tous les revenus me semblent devoir être taxés sur la même base. Le tout est une question de barème, mais chacun devrait contribuer au fonctionnement des pouvoirs publics, même pour une taxation minimum de dix ou vingt euros annuels. La deuxième catégorie est celle des impôts de prélèvement : surtaxation des revenus hors norme, taxation des sociétés distribuant des bénéfices, taxation d'activités hors-norme. La troisième catégorie est celle des impôts d'orientation, comme les droits des douanes qui visent à faire préférer la production européenne, les taxes sur les énergies carbonées, les taxes sur les GAFA, les taxes écologiques ou sanitaires : sur le tabac, sur les produits polluants, etc. ; dans ce cadre, il faut rappeler le caractère néfaste de tout impôt sur la production qui ne répondrait pas à une orientation précise. Enfin, reste la quatrième catégorie, celle des impôts de rendement dont le plus rentable est la TVA. La modulation des taux permet à ces taxes de jouer aussi un rôle d'orientation. Si ceci est clairement exposé, rien ne s'oppose à la multiplication des impôts et taxes dès lors qu'ils se rattachent clairement à l'une de ces quatre catégories.

Les impôts locaux, dont les critères et règles doivent absolument rester définis par la loi, se rattachent naturellement à l'une de ces quatre catégories : seuls les taux doivent rester du ressort des collectivités locales.

Un mot enfin sur le coût et la facturation des services publics. Les services publics essentiels devraient être gratuits ; sauf surtaxe d'orientation, comme le ramassage des ordures ménagères à taxer au poids. Les autres services publics doivent être très peu chers lorsqu'ils satisfont un besoin important et leur coût doit être plus élevé lorsque les besoins qu'ils satisfont ne sont pas indispensables. Voilà quelques principes que je crois essentiels pour une fiscalité juste et efficace dans une République idéale. Comme pour le reste, cela dépend d'une démocratie vivante, c'est-à-dire organisée et structurée, sur la base d'idéaux forts. En dehors de ce type de gouvernance, il est à craindre que notre démocratie ne soit que criaillerie, égoïsme au lieu de justice, philosophie de bas étage au lieu de réflexion partagée.

Dans cette République sociale, chacun a sa place et chacun peut créer sa vie. Est-ce une utopie ? Oui, mais une utopie réaliste et, pas à pas, notre République se construit, avec des hauts et des bas, des avancées et des reculs !

Regardons bien ce monde tel qu'il est et soyons heureux d'être là où nous en sommes et impatients que d'autres puissent accéder à ce niveau de vie.

# VII

# Une République qui construit pour notre bien-être et défend la planète

En 1991-1992, la morue a subitement disparu à l'embouchure du Saint-Laurent au Canada et au large des eaux autrefois poissonneuses des îles françaises de Saint-Pierre-et-Miquelon. Cet archipel français vivait par et pour la pêche, principalement la morue. Que faire ? Continuer à payer les ouvriers au chômage forcé de l'usine d'Interpêche ? Ce sera fait pendant des années. Essayer de reconvertir une partie des pêcheurs à la capture des crabes des neiges ? Ce sera fait. Développer l'emploi dans le bâtiment, l'emploi public ? Ce sera fait. Développer quelques activités nouvelles : pétoncles, élevage d'oies, quarantaine pour le Canada ? Ce sera fait. Mais il fallait aussi s'interroger pour savoir comment et pourquoi l'on en était arrivé là ; plus aucun poisson dans les eaux de Saint-Pierre !

Trois fautes écologiques majeures pouvaient être à l'origine de cette situation : a) la surpêche, le fait que l'on n'ait pas géré le stock ; or les études sur la ressource de thon en Méditerranée montrent que la gestion des stocks est efficace, b) le réchauffement du Saint-Laurent et des eaux de l'océan ; même très léger, ce phénomène a sans doute joué sur la disponibilité de la ressource, c) une pollution du Saint-Laurent qui aurait été l'élément déclencheur.

À tout cela est venue s'ajouter la protection des phoques imposée par l'opinion publique aux gouvernements. Les phoques mangent d'énormes quantités de poisson. Or leur population a cru de manière exponentielle, aussi vite que la disparition de la morue et donc de l'activité à Saint-Pierre.

Préfet à Saint-Pierre, j'ai alerté le gouvernement. Bien évidemment rien n'y a fait. La seule chose que j'ai pu éviter, c'est la venue de Brigitte Bardot sur l'île : elle aurait été pendue haut et court ! Cet exemple pour dire que les choix ne sont pas faciles ! Qu'entre les pécheurs Saint-Pierrais et les phoques, l'opinion publique métropolitaine ait préféré les phoques ! Le sujet est d'ailleurs le même en Guyane, pas pour la pêche, mais pour d'autres ressources naturelles.

Oui, la « tentation du bien » a parfois des conséquences néfastes et n'est pas toujours préférable à la tentation du mal !

Ainsi, lorsque l'État a imposé la destruction d'un petit barrage près des sources de la Vienne en Corrèze à Peyrelevade il a fait disparaître une ressource importante du village, le tourisme. Ce barrage n'avait aucune conséquence sur l'environnement, mais il heurtait l'idéologie de certains !

Cette réflexion doit être au cœur de la transformation écologique indispensable. C'est aux responsables de décider des équilibres à préserver !

Le préfet est en première ligne. Il agit avec les autres, et toujours pour le bien de tous. Mais en tant que citoyen, sa fonction le place au croisement de tous les intérêts, il peut et doit aussi réfléchir aux améliorations à apporter, aux choix qu'il faudrait faire, aux chemins qu'il faudrait emprunter et faire des propositions en ce sens.

### *Économiser*

Afin d'aider la République à préserver notre environnement on peut compter sur la jeune génération pour retrouver les habitudes économes de nos grands-parents (en ce qui me concerne, de vos arrière-grands-parents pour d'autres). Chacun de nous se souvient de ses grands-parents économisant l'eau, l'électricité, les habits, les bouts de ficelle. Alors, soyons heureux de voir les magasins vendre désormais des produits d'occasion, de voir les ventes de bien usagés se réaliser sur internet. C'est par les économies sur la consommation des biens que nous permettrons à la planète d'accueillir nos enfants. C'est aux personnes disposant de la vie la plus abondante de montrer la voie, pas à ceux qui, aujourd'hui, vivent en se privant. Il nous faut tous être heureux de cette évolution en cours, sans idéologie mais inéluctable et souhaitable.

Tenir le chemin de crête entre une croissance désordonnée qui éreinte et asphyxie la planète et une décroissance qui ne veut pas voir la réalité de ceux qui n'ont pas le minimum vital, c'est désormais plus qu'une nécessité, c'est la condition *sine qua non* pour continuer à vivre ensemble. La radicalité de certains dans leurs propositions pour « sauver la planète », selon l'expression à la mode, a évidemment pour vertu première de nous alerter, nous tous, car comme le disait Jacques Chirac, il y a déjà près de 20 ans : « La maison brûle et nous regardons ailleurs. » Mais au-delà du rôle indispensable de lanceurs d'alerte, d'ouvreurs de conscience et des catalogues de mesures théoriques, je ne crois pas que ces dits radicaux soient capables de mener notre pays et notre planète sur le bon chemin. Je les crois radicalement radicaux, c'est-à-dire mêlant toutes leurs contestations à la lutte pour la planète et provoquant de la sorte la fuite des gens de bonne volonté.

Je ne crois pas qu'il faille se replier sur soi et voir petit pour « sauver la planète ». Dans mon esprit, c'est même tout le contraire. Faut-il s'interdire d'importer des produits fabriqués dans des pays pauvres ? Faut-il interdire le tourisme dans des régions où c'est parfois la seule ressource ? Faut-il prendre le risque d'un *blackout* électrique en Guyane parce que le plan local d'urbanisme n'autorise pas explicitement, sans cependant l'interdire, d'implanter une centrale au biocombustible ? Faut-il arrêter de construire des logements dans les villes, y compris des logements sociaux, sous prétexte que la concentration urbaine est mauvaise pour la planète sans prendre en considération d'autres sujets comme ceux relatifs à la répartition de la population sur le territoire et surtout à sa croissance ? Plus que jamais, l'acuité des problèmes environnementaux impose de refuser l'entre-soi idéologique ou territorial, le séparatisme de la pensée non pas idéale, mais égoïste.

À l'inverse, nier la réalité du danger imminent est criminel. Ne pas agir pour réduire drastiquement notre empreinte environnementale est un meurtre organisé de la planète. L'homme doit, au plus vite, réduire son empreinte écologique sur la terre, en commençant par les émissions de carbone. Il doit le faire en agissant sur sa consommation, la destruction des espaces naturels et en luttant pour la pérennisation des espèces vivantes. Océans, sources de vie, forêt amazonienne, source de notre respiration, toundra sibérienne ou calotte glaciaire, source du refroidissement indispensable de la terre, mais aussi terroirs suburbains qui préservent la biodiversité : il nous faut lutter partout pour leur conservation. Honte aux États qui ne s'engagent pas dans cette lutte et la France et l'Europe doivent les sanctionner ! Honte aux entreprises qui ne se transforment pas pour être aux avant-postes de ce combat universel et la France et l'Europe doivent les boycotter.

La vérité est un chemin difficile et toute mesure, fût-elle exceptionnelle, aura toujours ses opposants : « Il faut en faire plus », ou bien « De quel droit nous interdit-on ceci ou cela ? » À ces contrariétés, il y a une réponse : c'est la République démocratique, aventure collective. Non pas la République écologique et solidaire qui n'a aucune résonance ni dans l'histoire, ni dans le monde réel d'aujourd'hui ; mais la République tout simplement, le seul chemin qui permet encore à la démocratie d'inventer l'avenir ! Et, à nouveau, pas l'avenir de son entourage, de son quartier ou de son village, de son département ou de sa région. Non ! Il faut réinventer l'avenir de notre pays, de l'Europe, de notre planète ! Il faut s'intéresser aux villages meurtris par les djihadistes, assoiffés par la sécheresse, dévastés par les ouragans, affamés par la pauvreté ou la montée des eaux. Or, j'en vois de plus en plus qui veulent défaire la République pour défendre leur village ou leur région, et leur égoïsme populiste me fait peur.

*L'énergie source de vie*

Aujourd'hui en France, lorsque l'on appuie sur le bouton de l'interrupteur, la lumière s'allume. Ce n'est pas le cas pendant une majorité des heures de la journée dans beaucoup de pays du monde. Avec des temps de coupure inférieure à une heure en moyenne par an et par habitant, avec sa capacité à produire une énergie parmi les moins chères d'Europe, avec ses moyens de réaction en cas de catastrophe naturelle comme ce fut le cas, en 2020, dans les vallées de la Vésubie, de la Tinée et de la Roya de l'arrière-pays niçois, la France a l'un des meilleurs systèmes électriques du monde. Il est envié par beaucoup de nations et pourtant critiqué en France. Il nous faut le préserver et, pour cela, l'améliorer encore.

L'améliorer, cela veut dire le décarboner totalement au plus vite, le dénucléariser dès que possible, le rendre intelligent en responsabilisant les consommateurs sur l'usage de l'électricité qui leur est fournie.

Mais dans le monde d'aujourd'hui, prôner, en matière énergétique, des projets, des idées, des transformations raisonnées et raisonnables devient un combat permanent. La Commission de régulation de l'énergie, autorité administrative indépendante que je préside, me vaut mon lot d'insultes et d'attaques personnelles. Pêle-mêle :

les défenseurs et les opposants au nucléaire, les anti-éolien à terre, les anti-éolien en mer, ceux qui s'opposent à la construction de lignes électriques ou de sous-stations, ceux qui veulent fermer tout de suite les centrales à charbon, ceux qui veulent les faire prolonger, ceux qui trouvent que les prix augmentent trop, etc. Je n'imaginais pas que cela pouvait être ainsi.

L'énergie reste au cœur du fonctionnement social, au cœur des relations internationales. La double révolution numérique et environnementale à laquelle elle doit se soumettre affole les contestataires et les faux spécialistes.

Pour résumer ce que j'attends de la République en matière d'énergie, permettez-moi de rappeler les quatre points tels que je les exposais dans un article écrit il y a peu pour la revue de l'association des anciens élèves de l'ENA, *L'ENA hors les murs*.

« Quatre idées me semblent alors devoir être rappelées.

Premièrement, la préservation d'un système énergétique performant, essentiel à la vie de la nation, est l'affaire de tous et relève de la responsabilité de chacun. Chaque territoire, à la mesure de ses contraintes, doit donner sa part à la production nationale et chaque citoyen doit accepter d'apercevoir dans son champ de vision les infrastructures dont il jouit, même s'il ne les trouve pas à son goût. Cet effort au bénéfice de la collectivité est indissociable de ma vision de la République.

Les générations précédentes ont fait ce sacrifice. Des vallées ont été inondées dans les Alpes pour construire de gigantesques barrages, des milliers de pylônes de lignes à haute tension ont été semés dans les forêts et les champs, les vapeurs de centrales nucléaires se voient à des kilomètres à la ronde. Déjà en 1964, dans un documentaire pédagogique : *Les métamorphoses du paysage*, le cinéaste Éric Rohmer invitait à un regard bienveillant sur la transformation de nos lieux de vie avec l'arrivée de l'industrialisation.

Cependant, si chaque territoire doit contribuer à l'effort national, l'excès inverse n'est pas non plus souhaitable : la volonté de certains de créer des communautés d'autoconsommation pour parvenir à une autosuffisance énergétique locale est illusoire et dangereuse. L'idée peut sembler séduisante pour ceux qui en ont les moyens financiers mais relève d'un comportement de repli sur soi incompatible avec le système électrique de demain et avec ma conception de la solidarité nationale.

Deuxièmement l'enjeu de la transition énergétique est si important et les défis à relever si ambitieux qu'il n'est pas responsable de faire preuve de dogmatisme sur la façon d'y parvenir. Ainsi, ceux qui pensent que le système français peut se passer très vite du nucléaire ont tort, tout comme ceux qui pensent qu'on peut faire l'impasse sur les énergies renouvelables. Chaque énergie décarbonée doit être exploitée au maximum dans un monde où la production fossile doit s'éteindre au plus vite, où l'électrification des usages s'accélère et où tous les projets prennent davantage de temps à aboutir. L'urgence écologique ne peut s'encombrer d'une pudeur idéologique sans fondement.

Ainsi – troisième idée – il nous faut aller vite. Nous ne pouvons faire l'économie d'une introspection sur la lenteur de nos procédures. Entre la décision et la mise en œuvre d'un parc éolien en mer, dix ans s'écoulent. Le chantier de Flamanville n'est pas terminé après 15 ans. Les projets d'interconnexions ou de renouvellement des lignes prennent systématiquement du retard. Nous devons tout mettre en œuvre pour changer de méthode.

Enfin, et c'est mon quatrième point, nous devons être efficients. Les réseaux doivent se moderniser, dans leur conception et leur exploitation, aidés par les innovations numériques. Il nous faut absolument utiliser toutes les flexibilités disponibles du système électrique (stockage, effacement, efficacité énergétique, optimisation numérique) afin de dimensionner le réseau au plus juste et à moindre coût. Il existe notamment des solutions pour raccorder davantage d'énergies renouvelables sur les réseaux existants. Comment ? En soulageant le système et en « écrêtant » les productions d'électricité intermittentes les quelques heures par an où elles provoquent des congestions sur les lignes. Cet « écrêtement » permettrait de faciliter les raccordements tout en permettant environ 8 milliards d'euros d'économie sur les 100 milliards d'euros qui seront investis d'ici 2035 dans les réseaux.

Dans cette tâche herculéenne d'adaptation de nos infrastructures énergétiques à la transition énergétique, nous ne sommes heureusement pas seuls. Si la France est encore structurellement exportatrice, nos partenaires européens sont de solides alliés et nous permettent, 40 jours par an, de passer la pointe de la demande électrique grâce aux interconnexions. La solidarité en matière énergétique est un acquis exceptionnel de la construction européenne. Saviez-vous que lorsqu'une tranche nucléaire s'arrête inopinément, toutes les centrales européennes reprennent le flambeau à l'unisson ? Saviez-vous qu'après une chute de fréquence en Europe de l'Est, l'interruption des gros sites industriels français, en quelques secondes, a permis de prévenir un *blackout* généralisé ? Les bénéfices des échanges européens et du couplage des marchés ne sont donc pas que pécuniaires. Ils sont la condition de l'intégration de davantage d'énergies renouvelables à l'échelle européenne tout en garantissant une meilleure sécurité d'approvisionnement.

Bien sûr, cette ouverture des frontières de l'énergie, pour un État jacobin et centralisé comme la France, n'est pas un long fleuve tranquille. Des conceptions radicalement différentes du mix énergétique et du rôle de l'intervention publique se confrontent. La place du nucléaire dans la transition bas-carbone est sûrement le point actuellement le plus clivant, notamment avec nos voisins allemands. Pour autant, en matière d'énergie plus encore que dans d'autres secteurs, nous partageons un destin commun : pour parvenir à la neutralité carbone à l'horizon 2050, l'Union européenne doit devenir l'horizon collectif de nos infrastructures énergétiques. »

Préserver notre espace et notre environnement, ce n'est pas supprimer l'énergie, c'est agir sur quatre leviers pour que nous puissions encore allumer nos lumières en 2045 : optimiser notre consommation, augmenter nos flexibilités (interconnexions européennes, stockage, interruptibilité, effacement) renouveler une partie (25 %) de notre parc nucléaire, développer les énergies renouvelables de manière massive.

Va-t-on réussir à faire cela ? C'est mon rêve et c'est possible.

*Préserver les espèces et l'environnement*

Au-delà de l'énergie, préserver notre capacité de vivre demain, ensemble sur la planète, c'est préserver l'espace, les espaces, éviter de les consommer et de les détruire pour rien ; nous pouvons le faire tout en développant notre économie.

Notre économie doit être totalement respectueuse de notre environnement et les autorisations administratives d'exploiter ne doivent plus être délivrées si tel n'est pas le cas. Il n'est pas besoin d'en dire plus, sauf qu'il ne saurait appartenir à quelques décroissantes assemblées locales d'édicter une règle qui ne peut procéder que de l'État après consultation des élus locaux concernés.

Ainsi, outre les mesures de nature à favoriser la production locale ou européenne, ce sont les décisions environnementales qu'il nous faut mettre en place à marche forcée. Rappelons-nous qu'en 2010, sur proposition du ministère de l'environnement, alors dirigé par Jean-Louis Borloo, le Parlement a voté à l'unanimité dans les deux chambres, la création d'une taxe écologique aux frontières. Le Conseil constitutionnel a, pour des arguties juridiques peu compréhensibles, annulé ce dispositif et le Président Nicolas Sarkozy n'a pas osé le reprendre. Il en a été de même avec la taxe poids lourds que Ségolène Royal a annulée sous la pression des transporteurs et des élus. Imaginez que ces dispositifs aient été en vigueur depuis 10 ans en France, notre débat ne serait pas le même. Il faut le plus rapidement possible établir une vraie taxe commune aux frontières de l'Europe. Le temps est venu de ne plus laisser entrer en Europe des produits destructeurs de notre planète fabriqués par des travailleurs exploités dans les pays les plus pauvres du monde. Le libre-échange doit désormais fonctionner dans le respect de notre planète.

La deuxième mesure environnementale forte à mettre en place est l'interdiction de l'artificialisation des sols. Il ne s'agit pas d'interdire les constructions mais il s'agit d'imposer que toute artificialisation d'un sol soit compensée par la renaturation d'une surface supérieure, quelque part en France, en Europe ou dans le monde. Une société qui construit un immeuble devrait donc, en même temps, acheter un site dégradé et abandonné et le rénover, c'est-à-dire le remettre à l'état naturel : les sites ne manquent pas et c'est une mesure simple et facile. En outre, la France serait plus belle et plus accueillante. En matière d'environnement, le principe doit être le même pour les rejets de $CO_2$, de fumée, de particules dans l'atmosphère. La règle c'est zéro émission nocive mais ce serait un mensonge de croire que l'on va y arriver rapidement. Alors, compensons quelque part en France, en Europe, dans le monde. Toute émission doit s'accompagner d'une réduction au moins équivalente d'émissions quelque part dans le monde. Évidemment, cela peut et doit être la même chose pour les rejets dans les fleuves, les rivières ou la mer. Et là encore, la France serait plus belle, plus accueillante et plus sereine au plan sanitaire. Mais la France sereine se construit déjà avec les parcs nationaux, les parcs naturels régionaux, les parcs marins qui se mettent en place depuis de nombreuses années.

Le temps n'est plus aux gadgets environnementaux et à la proclamation d'objectifs strictement idéologiques ou politiciens. La défense de notre planète mérite mieux que cela et c'est possible si nous arrêtons de nous donner des horizons inatteignables pour préférer l'action permanente, compréhensive et partagée.

Concernant les transports, il y a aussi beaucoup de bon sens à chercher pour diminuer les rejets de notre système sans nuire à la mobilité, en préservant l'emploi et la qualité de la vie qui suppose de pouvoir se déplacer. Se déplacer n'est pas un luxe, c'est une des conditions du vivre-ensemble et la République doit défendre ce droit. Alors, y a-t-il quelques idées, pour, sur ce sujet aussi, trouver le chemin de crête qui fait coexister ensemble des impératifs contraires ?

Pour ce qui est du transport aérien, il serait bon d'interdire les vols pour lesquels un train pouvant parcourir la même distance en moins de 3 heures serait disponible, d'instaurer une taxe forfaitaire d'environnement sur chaque billet d'avion, d'interdire les vols les plus polluants, de réduire drastiquement la consommation du kérosène au sol, de favoriser le développement des avions à propulsion électrique ou à utilisation de biocarburants.

Concernant les transports ferroviaires de marchandises, il faudrait instaurer une TVA à 0 % et les faire circuler systématiquement sur les petites lignes pendant les nuits.

Au sujet des transports ferroviaires de passagers sur les grandes lignes, il conviendrait d'interdire le *yield management*, poursuivre la réouverture des trains de nuit, interdire désormais la fermeture des gares qui doivent partout, au contraire et notamment en zone rurale, être transformées en lieux de vie. Supprimons (comme pour les transports de marchandises) les machines fonctionnant encore au fuel pour les remplacer par une traction à hydrogène, lançons un vaste programme de réhabilitation des lignes financé par la taxe forfaitaire d'environnement sur les billets d'avion.

Pour les transports publics urbains, nous devrions instaurer dans toutes les métropoles (hors Paris) la gratuité des transports en commun à financer par quelques centimes de taxation sur les carburants distribués dans la même métropole.

S'agissant du transport routier de marchandises sur longues distances, il serait bon d'imposer le passage par autoroute lorsque c'est possible, d'interdire le trafic aux heures et jours de pointe et pas seulement le dimanche, de remplacer le fuel par l'hydrogène et le GNL au plus vite.

Quant au transport routier de marchandises du dernier kilomètre, pourquoi ne pas imposer un transport en petit volume par camion électrique ne pouvant circuler aux heures de pointe ?

Reste les transports maritimes. Favorisons la mobilité au gaz, obligeons les raccordements électriques dans les ports et l'autoconsommation photovoltaïque pour le besoin interne des navires.

Oui, une révolution est possible en matière de transports publics et privés. De nombreux emplois sont à créer dans ce secteur qui ne doit pas être soumis à la volonté de décroissance de certains, bien au contraire : notre avenir n'est pas aux rencontres virtuelles, au rétrécissement de nos échanges, toutes ces idées qui écraseront les plus pauvres et les plus âgés, alors que l'échange peut nous amener tous ensemble vers plus de convivialité et de solidarité. Les échanges sont l'un des vecteurs principaux du progrès et l'ont toujours été s'ils sont au service de l'individu.

Là encore, le chemin est difficile mais il existe et l'on peut s'y engager sans dégrader notre planète, et surtout en restaurant notre environnement.

# VIII

# La culture qui nous élève tous ensemble

Écoutons André Malraux, l'écrivain de toute une jeunesse à travers ses romans, aujourd'hui moins lus : *La Voie royale*, *La Condition humaine*, *L'Espoir*, mais aussi l'homme qui a fait aimer la culture avec son musée imaginaire, écoutons-le nous dire que : « La culture [...] est l'ensemble de toutes les formes [...] qui ont été plus fortes que la mort. » [Discours prononcé le 18 avril 1964 lors de l'inauguration de la Maison de la Culture de Bourges.] Il faisait ainsi écho à la pensée de Victor Hugo écrivant que « l'humanité a deux pôles : le vrai et le beau ». [*Actes et paroles – Avant l'exil*, Le Droit et la Loi.]

Jaume Cabré, l'auteur catalan, exprime parfaitement la force de la culture que je veux reprendre comme une nécessité absolue dans la République lorsqu'il écrit dans *Confiteor* :

> Une fois qu'on a goûté à la beauté artistique, la vie change. Une fois qu'on a entendu chanter le chœur Monteverdi, la vie change. Une fois qu'on a contemplé Vermeer de près, la vie change. Quand on a lu Proust, on n'est plus le même. Ce que je ne sais pas, c'est pourquoi...

Pourquoi est-ce qu'Homère me subjugue ? Pourquoi ? Pourquoi le *Quintette pour la clarinette* de Brahms me laisse-t-il sans respiration ? Je ne sais pas.

Comment se fait-il que je sois incapable de m'agenouiller devant qui que ce soit et qu'en revanche, quand j'entends la *Pastorale* de Beethoven, je n'aie aucun scrupule à la vénérer ?

Me revient en mémoire une initiative réussie en Île-de-France en compagnie du directeur régional des Affaires culturelles. Il s'agissait de « marier », par une convention, quinze à vingt grands établissements culturels de la région capitale avec des collectivités locales : commune ou communauté de communes, agglomérations, afin de bâtir ensemble un projet en faveur de la diffusion culturelle et de l'insertion par la culture.

Tous les établissements appelés avaient répondu favorablement : l'Opéra de Paris, la Grande bibliothèque, la manufacture de Sèvres, le Château de Versailles, la Cité de la musique, et d'autres, tous avaient approuvé le projet au cours d'une réunion tenue à la préfecture de région. Chaque institution s'était engagée à développer un programme d'insertion culturelle pour les jeunes de la commune d'implantation : des cours d'initiation aux spécialités culturelles des établissements impliqués, des spectacles auxquels assister gratuitement, des spectacles auxquels participer activement.

Tous les crédits culturels disponibles de la région Île-de-France avaient été mobilisés et l'on était parvenu à mettre en place ces conventions.

Je ne sais ce qu'il est advenu de cette aventure, mais je sais que cela a été repris dans beaucoup de régions de France, au-delà de sa poursuite en Île-de-France.

Voilà ce que l'on est en droit d'attendre de notre République en matière culturelle et de l'engagement de l'appareil d'État. S'il y a bien une spécificité culturelle française, c'est la conviction absolue qu'avec la politique culturelle il s'agit d'un enjeu essentiel de tout gouvernement au même titre que la politique de Défense, ou que les politiques économiques et sociales.

Il n'y a pas de République cohérente sans actions culturelles sous toutes ses formes et sur tous les territoires.

Citons aussi l'action de l'Opéra de Lyon avec sa maîtrise : les enfants et les jeunes font partie d'une chorale qui se produit à l'opéra, mais aussi lors de manifestations publiques ; les participants, outre la musique et le chant, bénéficient d'un environnement éducatif fort : c'est une chance formidable pour ceux des quartiers défavorisés. Les entendre chanter *Le temps des cerises*, *Le chant des partisans* ou encore *Bella Ciao* dans le couloir des cellules de la prison de Montluc, a été, pour moi, une émotion considérable.

Maintenant, cette culture se doit d'être métissée. Alors disons d'abord ce qu'est le métissage français aujourd'hui. Faire dire « nos ancêtres les Gaulois » à nos compatriotes d'Outre-mer était juste une vaste rigolade et comme le dit si bien Daniel Picouly, le faire croire aujourd'hui aux Français, fils ou petit-fils, fille ou petite-fille d'immigrés d'Afrique, d'Asie ou du Moyen-Orient, n'est plus une simple plaisanterie malheureuse, mais une faute par rapport à ce qu'est la France.

La France est multiple, multicolore, métissée et mélangée. Cela traduit sa fécondité, sa force de travail, son extraordinaire pluralisme culturel, et le rayonnement de la langue et de sa culture par-delà les mers.

Certes, on pourra parler de l'héritage grec et romain, d'Homère, de Socrate, de Platon, de Cicéron, de Tacite et de bien d'autres. On pourra parler de l'héritage judéo-chrétien, Saint-Augustin, Ambroise Paré, Érasme et tant d'autres. Parler de la Renaissance, formidable mouvement créateur de richesses et de culture : le plaisir des yeux, le plaisir de la pensée, le plaisir de lire ; ou encore des grands siècles, le XVII^e^ et le XVIII^e^, les Lumières et les premières gazettes, la musique, les grands auteurs allemands, italiens qui ont irrigué notre culture, mais aussi nos héros français que sont Molière, Racine, Corneille et tous les autres de ces siècles monarchiques. Plus près de nous… Arrêtons car il est impossible de retracer notre richesse culturelle jusqu'au début de ce troisième millénaire. Mais s'agissant des auteurs, je m'en voudrais de ne pas prononcer les noms de ceux que j'aime : Lamartine, Hugo, Baudelaire, Jules Vallès, Apollinaire, Éluard, Saint-Exupéry, Malraux. Tous ceux-là, par l'écriture, sont les fondements de ma vie culturelle personnelle mais aussi de ma République avec bien d'autres artistes, musiciens, sculpteurs, peintres, chanteurs.

Mais après la guerre, après l'après-guerre, devrais-je écrire, tout change sous plusieurs influences. D'abord l'influence de l'éducation et de la facilité de diffusion, qui grandira à l'extrême avec l'explosion des réseaux sociaux. Grâce à cela chacun peut désormais exprimer son art, devenir un sujet particulier et un créateur de l'universalité de notre France culturelle. C'est formidable que chacun puisse enrichir l'autre de sa pensée, de sa vision du beau, de ses réflexions. Il n'y a plus de chemin contraint et la liberté créative n'est plus l'exception et cela change tout. Le foisonnement culturel est désormais une règle salutaire et féconde.

L'arrivée des réseaux sociaux dans notre monde culturel est un choc révolutionnaire aussi fort que l'invention de l'imprimerie par Gutenberg au milieu du XV<sup>e</sup> siècle. Or, dans ce foisonnement culturel, il y a celui que l'on croit encore, à tort, être l'« autre », parce qu'il n'est ni blanc, ni chrétien, alors qu'il est simplement, tout comme nous, une partie de la République, lui le fils ou la fille des nouveaux invités dans cette famille de France, ou tout simplement le nouvel arrivant de ce grand cercle familial que doit être la France. Ces « autres », ces nouveaux invités, danseurs, cinéastes, écrivains, musiciens, peintres, créateurs de rue, de scène, font partie de notre existence culturelle ; une culture métissée, inventive…

Oui, l'art et la culture sont les deux alliés essentiels de la République quand elle veut rassembler ses enfants.

Adosser la République à cette culture métissée et ouverte afin d'assurer la cohésion de notre communauté humaine, et de donner à chacun et à chacune des enfants « d'en France » la chance de situer sa vie dans le monde et d'entrevoir le beau, est d'abord une question d'apprentissage. Il est essentiel que nos enfants découvrent le beau, la création en musique, en littérature, en art plastique dès le plus jeune âge ! Citons encore André Malraux en 1964 lors de l'inauguration de la Maison de la culture d'Amiens :

> Nous sommes ici pour enseigner à aimer. Il n'est pas vrai que qui que ce soit au monde ait jamais compris la musique, parce qu'on lui a expliqué *La Neuvième Symphonie*. Que qui ce soit au monde ait jamais aimé la poésie parce qu'on lui a expliqué

Victor Hugo. Aimer la poésie, c'est qu'un garçon, fût-il quasi illettré, mais qui aime une femme, entende un jour "lorsque nous dormirons tous deux dans l'altitude que donne aux morts pensifs la forme du tombeau" et qu'alors il sache que c'est un poète. Chaque fois qu'on remplacera cette révélation par une explication, on fera quelque chose de parfaitement utile, mais on créera un malentendu essentiel. Ici, les nôtres doivent enseigner aux enfants de cette ville ce qu'est la grandeur humaine et ce qu'ils peuvent aimer.

Tout est dit.

Il suffit de s'en donner les moyens et de s'organiser.

Que chaque école primaire de notre territoire soit dotée d'œuvres d'art prêtées et installées par les fonds régionaux d'art contemporain (FRAC). Ces fonds sont d'une richesse incroyable et leurs achats soutiennent la création contemporaine. Curieusement, ils sont réticents à l'idée d'exposer les œuvres à l'extérieur de leurs locaux. Cela doit changer.

Que chaque collège, y compris dans les territoires les plus ruraux, accueille très régulièrement des hommes et des femmes de lettres, écrivains ou philosophes, conteurs ou poètes pour des causeries et des rencontres littéraires. Bien sûr les parents et amis devraient y être invités et ce serait là une des obligations professionnelles pour les principaux collèges. Au cours d'une réunion de ce type, organisée à la préfecture de Montauban, un jeune collégien avouait à Jorge Semprún qu'il avait volé le livre qu'il lui portait pour être dédicacé… Je n'ai su que penser !

Que chaque lycée accueille une fois par an des concerts produits par les orchestres régionaux ; ils sont nombreux et il y a des formes musicales adaptées pour cela. Dans ce cadre d'ailleurs, laissez-moi dire que l'orchestre de l'Opéra national de Montpellier-Occitanie a vocation, a le devoir même, d'aller se produire dans le lycée Théophile Roussel de Saint-Chély-d'Apcher en Lozère, à Marvejols ou à La Canourgue.

Que chaque site universitaire accueille une installation des Micro-Folies, inventées par l'établissement public du Parc de la Villette, qui nous font découvrir (et vivre) les trésors de tous les musées du monde. On peut même rêver que les étudiants soient chargés des commentaires pour les habitants qui viendraient librement découvrir « la joie du beau ».

Oui, la découverte du beau en période scolaire et universitaire est un impératif absolu car il faut croire que le « beau sauvera le monde ».

Partout, dans l'enseignement, les cours de français et de philosophie doivent aussi se dérouler comme des temps de découverte de la culture. Certes, il ne faut pas faire l'impasse sur l'orthographe et la rigueur de la langue française mais très vite, allons vers le plaisir de l'art et de la littérature. C'est déjà le cas dans beaucoup de lieux ; amplifions encore ce mouvement d'irrigation culturelle.

Formons avec tous les jeunes retraités qui le souhaitent, une armée de volontaires de la culture pour l'éducation de nos enfants. Et plus tard, dans les collèges et les lycées, offrons gratuitement aux élèves d'aller au concert, au théâtre, dans les musées. Théâtre, concert, musée, gratuits partout pour les jeunes de moins de 18 ans ! C'est plus simple et sûrement plus efficace que le pass culture !

Culture métissée d'histoire et de modernité, culture offerte à tous les jeunes, mais culture sur un chemin de crête entre exigence et dimension populaire. Il ne faut pas que la culture se défasse dans un élitisme incompris de la majorité de nos concitoyens. Il ne faut pas non plus qu'elle se défasse dans le laisser-aller sous prétexte de faire populaire. Cela n'aurait pas de sens. Là encore, la vérité est dans l'équilibre ou plutôt dans la complémentarité. Il ne saurait y avoir de culture populaire qui ne soit exigeante et il ne saurait y avoir d'exigence culturelle qui n'ait vocation à rencontrer le peuple.

## *Des lieux de création partout*

Mettons en œuvre un nouveau grand plan d'implantation de lieux de diffusion culturelle.

Bien sûr, André Malraux et Jack Lang sont passés par là et beaucoup a été réalisé. Les collectivités locales : régions, départements, communes, ont pris le relais, et partout des lieux magiques permettent à la culture d'être au milieu de nous. En outre, des initiatives privées fleurissent, elles aussi nombreuses, grâce à la générosité fiscale de l'État qui, il faut le dire, paye 50 à 60 % de ces contributions par des dégrèvements d'impôts. Cela est un plus considérable.

C'est ainsi que l'on peut trouver une salle et une compagnie de théâtre à Saint-Flour-de-Mercoire en Lozère, là où la route de Compostelle et le chemin de l'âne de Stevenson se confondent un moment. Mais il faut aller plus loin en matière de bibliothèque, de théâtre, d'école de musique, d'orchestre, de lieu d'exposition d'art plastique, de danse, de chant, d'art graphique… Implantons au moins deux ou trois lieux de ce type dans chaque canton de France. Dans les quartiers dits de « politique de la ville » soyons même très directifs et rendons cela obligatoire. Il faut que partout s'élèvent des lieux de création et de culture, donc des lieux d'amour et d'humanité.

Quelques lignes enfin sur les radios et les télévisions. Je pense que l'on peut être fier collectivement de la qualité de notre système audiovisuel en France et plus généralement dans les pays de l'Union européenne. Défendons l'existence, aux côtés de chaînes de radio et de télévision privées, de médias de service public à haute exigence de qualité informative et culturelle, à la recherche d'un impact populaire toujours plus grand dans l'exigence de la qualité. Acceptons de dire que ce que nous voyons, ce que nous écoutons sur les chaînes publiques est bien l'expression de ce qu'il convient de faire. Soyons fiers et osons le dire, c'est sûrement la meilleure manière de défendre et de promouvoir un tel système.

La crise sanitaire et la fermeture au public des lieux culturels, peu après la décision contestable de la fermeture de la chaîne publique France Ô, ont entraîné la création d'une chaîne entièrement culturelle dans le paysage audiovisuel français... Cela continue aujourd'hui. Demandons simplement la pérennisation de ces programmes culturels sur un canal spécifique ; c'est bien là une des vocations de la télévision publique.

Il convient encore de se féliciter de notre système de financement des « intermittents du spectacle ». 507 heures de travail effectif dans l'année leur assurent un revenu mensuel décent : c'est le principe. Le système qui dure a permis de résister à la crise sanitaire. Il permet à de jeunes talents de grandir avec le salaire de la République, ou plus exactement des cotisants à l'assurance chômage, c'est-à-dire de tous les employeurs de France, et pour partie des salariés.

Soyons fiers encore de ce système de diffusion que forme le réseau des Alliances françaises à l'étranger, dans plus de 130 pays avec plus de 800 implantations. À Tokyo, à Lima, à Alger, à Pékin, à Lomé, partout dans le monde sur les cinq continents, ces lieux assurent la diffusion de la langue française et accueillent les créateurs francophones. Partout, nos ambassadeurs veillent sur ces lieux comme sur les plus de 500 établissements scolaires français installés de par le monde.

Cette armée culturelle française à travers le monde ne vaut-elle pas autant que les présences militaires de nos régiments dans certains pays ? En tout cas, elles sont complémentaires.

*La République et la culture !*

L'émotion m'étreint quand j'entends cela, tant ces deux notions, ces deux réalités, sont fusionnelles dans mon esprit. Que ces temps difficiles qui sont les nôtres puissent connaître, comme cela fut le cas au XV^e^ siècle, une renaissance par les arts, la philosophie, les grandes découvertes, les progrès des sciences ! Pensons ce qu'a représenté l'invention de la peinture à l'huile, souvenons-nous de l'émergence de l'humanisme et du reflux de la domination absolue du religieux, revoyons ensemble la découverte de l'Amérique, mais aussi des côtes africaines et du cap Horn, émerveillons-nous de la découverte de la boussole, du système solaire.

Quand tout semble aller mal, rappelons Érasme, Dante, Copernic, Magellan, Vasco de Gama, Michel-Ange, Raphaël, Léonard de Vinci... Appelons aussi à la rescousse les plus récents tels Dumas, Delacroix, Zola, Debussy et Ingres, Camus et Soulages... Nous ne sortirons de la période difficile au plan moral, politique, sanitaire et économique dans laquelle nous sommes plongés que si notre République sait faire appel et reconnaître ceux qui sont les successeurs des « Renaissants ».

Grâce à eux, à leur enthousiasme, à leur créativité, eux, ceux que je ne connais pas mais à qui je veux bien faire appel, nous changerons et inventerons le monde à partir de nouvelles connaissances et d'une culture renouvelée et conquérante.

À ceux qui doutent de notre capacité à faire, nous conseillons de découvrir cette réalisation à cheval sur Clichy et Montfermeil en Seine-Saint-Denis. Voici un lieu de résidence d'artistes et de créateurs au milieu des cités défavorisées, un lieu de représentations culturelles avec une exigence de qualité offert à des populations autrefois délaissées, un lieu d'apprentissage de l'art pour tous les jeunes qui le souhaitent. Certains voulaient l'appeler la Cité Médicis de Clichy-sous-Bois ; Michel Serres, que j'avais interrogé, nous conseillait la Cité des créations ; un consensus s'est fait jour et sont ainsi nés les « Ateliers Médicis » à Clichy-sous-Bois. Nous l'avons fait, tous ensemble. Nous avons trouvé les crédits, nous avons créé les conditions pour que tous puissent se rassembler… La République peut créer l'invraisemblable ; et les exemples comme ceux des Ateliers Médicis sont nombreux.

Je voudrais enfin rendre un hommage appuyé au prédécesseur de l'actuel directeur du TNP à Lyon. Le Théâtre de la Cité de Villeurbanne a été créé en 1957 par Roger Planchon ; il recevra le sigle TNP en 1972 ; il est dirigé successivement par Patrice Chéreau, Georges Lavaudant avant de l'être par Christian Schiaretti. Cet hommage veut mettre en avant quelques réalisations qui expriment ce que l'État doit promouvoir en matière culturelle, me semble-t-il. D'abord, le lieu a été agrandi et rénové durant cette période ; il y a désormais deux salles et un espace de restauration ouvert à tous. Et puis il a connu une programmation riche, diverse, exigeante et populaire. Je veux me rappeler *Les Langagières*, festival de mots et de littérature autour d'auteurs existants qui viennent discuter avec le public ; me souvenir de la création de *Médée* de l'auteur occitan

Max Rouquette sur une mise en scène de Jean-Louis Martinelli, avec Médée entourée de femmes chantant des psaumes traduits en bambara avec Odile Sankara dans le rôle principal. Christian Schiaretti a osé cela. Il a aussi osé créer et mettre en scène, avec quarante comédiens, dont une vingtaine venue du Burkina-Faso, la trilogie de Césaire : *La tragédie du Roi Christophe*, *Une saison au Congo*, avant *Une tempête*. Comme il a osé, lors de l'inauguration de la grande salle après rénovation en 2017, programmer *Ruy Blas* de Victor Hugo, vision traditionnelle de la culture française et cela un 11 novembre. Oui, il a osé cela au TNP, lieu que je crois être l'expression la plus aboutie d'un lieu théâtral en région. Alors merci à Christian Schiaretti d'avoir osé, et merci à mes institutions républicaines de l'avoir financé et soutenu.

Voilà deux exemples de création de culture qui nous élèvent tous ensemble, deux exemples rendus possibles par nos institutions qu'il nous faut protéger et développer.

# IX

# Représenter l'État, conforter l'État, réformer l'État

Outre le métier, dont je viens d'évoquer assez longuement différents aspects, un métier ingrat d'une certaine manière, même s'il apporte des joies immenses, car qui reconnaît le travail du préfet sinon ses pairs et ses employeurs, il y a cette dimension politique qui fascine et que les préfets, il faut bien l'avouer, cultivent pour se distinguer des autres cadres administratifs.

On a tendance à voir dans le préfet un fonctionnaire politique parce qu'il est nommé par le gouvernement en place. Mais, outre que cette lecture oublie, et c'est un gros oubli, la dimension administrative de la fonction, elle livre une lecture unilatérale de la fonction.

Tout d'abord, l'accent est mis sur gouvernement alors qu'il devrait l'être sur « en place ». Nous sommes en démocratie ne l'oublions pas. Le, les gouvernements dont on parle ont été nommés par un Président qui a été élu au suffrage universel.

Ensuite, le préfet est peut-être un amalgame de politique et d'administratif, il n'est pas nécessairement politique au sens d'un engagement. Certes, il peut et doit avoir ses convictions propres, tout citoyen en a, il peut même les faire valoir en certaines occasions mais il n'est pas là pour appliquer sa politique : il est là pour appliquer celle des gouvernements légitimement élus qui l'ont nommé et installé au poste qu'il occupe. C'est ce que dit précisément Lucien Bonaparte dans la circulaire du 21 ventôse an VIII : « Dans vos actes publics, et jusque dans votre conduite privée, soyez toujours le premier magistrat du département… »

Cela dit, si le préfet est le représentant de l'État, il n'en est pas son employé. Sa liberté et son indépendance assurent sa loyauté : c'est cela un préfet de la République.

« C'est bien. Je vous fais confiance. Je vais vous nommer à Annecy pour y organiser le G8. » Ainsi se terminait mon entretien, place Beauvau, avec Nicolas Sarkozy, alors ministre de l'Intérieur, que son directeur de cabinet m'avait demandé d'aller voir en urgence car il y avait eu quelques sujets de frictions.

À cette époque, j'étais préfet de Guadeloupe. Je dus donc déménager et partir en Haute-Savoie, à Annecy, prendre mes fonctions. Je devais y retrouver Jacques Chirac tel qu'en lui-même.

Retrouver, car j'étais déjà une vieille connaissance pour lui.

Tout avait commencé alors que j'étais secrétaire général de la préfecture des Yvelines.

J'avais eu vent de ma prochaine nomination, aux mêmes fonctions, dans la préfecture du Nord, et je m'en étais ouvert à Franck Borotra, ministre de l'Industrie et président du Conseil général des Yvelines. Il m'avait répondu : « Je m'en occupe. » Le lendemain, j'apprenais que j'allais être nommé très rapidement préfet de la Collectivité territoriale de Saint-Pierre-et-Miquelon, la plus petite de France, la France en Amérique du Nord, sur décision personnelle de Jacques Chirac, jeune président de la République. J'avais 43 ans…

Quatre ans plus tard, j'étais en poste en Guadeloupe, lorsque Jacques Chirac décida d'entreprendre une visite de quatre jours aux Antilles.

Il m'avait alors convoqué pour que nous préparions son déplacement. À la fin de notre entretien, il avait demandé à ses collaborateurs de sortir et m'avait dit : « Parlons un peu de Bernard ! » Mon ami Bernard Coutaud avait trouvé la mort peu de temps auparavant dans un accident. Chirac savait tout. Nous avons parlé du grand-père de Bernard, le résistant, et surtout de ses trois enfants. Chirac savait que j'étais proche d'eux : « Si vous avez besoin de quoique ce soit pour vous aider, je serai là. » J'ai été ému aux larmes. Beaucoup plus tard, une fois élu président de la République, François Hollande me fera la même déclaration. Oui, l'amitié désintéressée existe au plus haut sommet de l'État.

Le passage de Chirac en Guadeloupe fut, pour moi, un plaisir immense. Il y en aura d'ailleurs un second durant mon séjour à Basse-Terre. Il fit montre d'une gentillesse absolue à l'égard de mon épouse, d'une attention forte aux personnels de la résidence, sans parler évidemment des agapes et du Ti-punch !

Mais les moments les plus intenses que j'ai pu passer avec Jacques Chirac, ont été les journées du sommet d'Évian, le G8 qu'il avait transformé en G20. Préfet de la Haute-Savoie, j'avais la responsabilité de ce sommet.

Chirac m'avait convoqué pour préparer cette conférence internationale, mais c'est auprès de Nicolas Sarkozy que je prenais mes instructions et c'est à lui que je rendais compte. J'avais 18 000 hommes sous mes ordres : militaires, gendarmes, CRS, policiers, pompiers, personnels de santé ; un décret m'avait même attribué le « pouvoir » du feu aérien. J'avais entièrement bouclé Évian.

La difficulté dans la sécurisation de cette réunion venait, outre l'importance des participants (Bush, Poutine et autres), du fait qu'ils devaient atterrir à Genève, en Suisse, terre étrangère, au bord du Lac Léman – le voyage de Genève à Évian devait se faire en hélicoptère – tandis que les autres invités (les chefs d'État des pays invités mais non-membres du G8), logeaient, eux, à Lausanne de l'autre côté du Lac. Bref, c'était un peu compliqué en matière de sécurité sans compter que l'on attendait des dizaines de milliers de manifestants. On avait tout imaginé, l'irréel, l'impossible : un avion que l'on aurait détourné à Genève pour le faire s'écraser sur Évian, des manifestants traversant le lac en bateau, ou marchant sur Évian, des activistes arrivant en deltaplane sur l'hôtel où se tenait la conférence. Il fallait être prêt à tout, en toutes circonstances. Ce furent des mois de préparation et au jour « J », tout était en place. J'avais prépositionné des forces de CRS à la frontière de Genève pour aller aider les policiers suisses, fait installer une batterie de missiles au bord du lac, accueilli un régiment d'hélicoptères et positionné des troupes de montagne dans les forêts au-dessus de la ville. L'armée suisse fournissait des avions de chasse, qui restaient cependant sous sa responsabilité, pour épauler les Mirage français ; il y avait même des commandos marine venus de Djibouti pour assurer la sécurité sur le lac où, en accord – un accord à vrai dire difficile à obtenir – avec les Suisses, toute navigation avait été strictement interdite. Bref, la République en treillis militaire, dans toute sa splendeur !

Je revis Chirac plus tard.

Un jour, alors que j'étais directeur de cabinet de Jean-Louis Borloo, il m'a téléphoné personnellement pour m'inviter à accélérer le parcours d'un projet de décret à signer par le ministre et que j'avais volontairement égaré dans un tiroir de mon bureau.

Quand nous nous croisions, il ne manquait jamais l'occasion de me parler de la Corrèze et de Bernard.

Puis, en 2007, Chirac ne s'est pas représenté.

Son secrétaire général d'alors, Frédéric Salat-Baroux, était mon ami. Je l'appelai et lui proposai de passer le voir pour « boire un dernier coup au Palais de l'Élysée ». Et là, au milieu de notre entretien, la porte s'est ouverte et Jacques Chirac est apparu : « J'ai tenu à venir vous saluer ! »

Évidemment, nous avons évoqué tout ce qui nous avait rapprochés : l'Outre-mer, la Corrèze, Bernard, la République.

En racontant ces quelques anecdotes, je veux témoigner de ce qu'est la République. Bien sûr, il y a des choses à changer. Bien sûr, le courage manque parfois. Bien sûr, certains profitent de leur position. Mais ce témoignage sur Jacques Chirac, et j'aurais pu faire le même avec François Hollande et l'actuel Président, veut montrer qu'au sommet de l'État, il y a des hommes et des femmes, avec leurs qualités et leurs défauts, élus démocratiquement qui, cela surtout importe, essayent simplement de bien faire et qui ont des sentiments, des amitiés, des souvenirs, comme tout un chacun. Qu'ils soient estimables, angoissés, autoritaires ou non, visionnaires ou non, ils sont simplement la République.

Ils sont, avec leurs défauts, la République, cette République diverse politiquement certes, mais où la morale, l'intérêt général, l'aventure collective et l'amitié, continuent d'être des valeurs centrales.

Mais l'État, dont le préfet est le représentant, repose sur une constitution. Des constitutions, nous en avons eues ! Nous en sommes à notre Ve République !

Une constitution c'est, pour un corps, biologique ou métaphorique, ce qui donne forme et force, et, s'agissant d'une nation, d'un pays, de la France, ce qui encore donne sens. Or les lois Defferre de 1981 ont quelque peu bousculé les habitudes et suscité des réflexions.

La France est une puissance îlienne ; pas comme la Grèce, l'Indonésie ou les Philippines, mais quand même ! Aux îles des territoires d'Outre-mer, il faut ajouter la Corse, les îles de la côte Atlantique et de la Manche.

Eh bien, dans toutes ces îles, c'est la règle des « territoires de la République » qui s'applique. Chacune a certes un régime de gouvernance particulier : des plus décentralisées et en réalité quasi autonomes (sauf en matière strictement régalienne) comme la Polynésie ou la Nouvelle-Calédonie, jusqu'à la Corse, avec son assemblée unique et ses règles particulières de compétence, chacune a un régime spécifique, mais toujours la République est là.

Savez-vous que certaines ont un roi, trois rois même. Oui, sur les îles françaises du Pacifique, il y a certes un préfet, mais il y a aussi trois rois, dont deux à Futuna et un à Wallis. Ils sont reconnus par la République. Le plus difficile, lorsque vous êtes reçus par ces rois, c'est la cérémonie du Kava. Vous devez rester assis en tailleur pendant deux heures en buvant un alcool, certes pas très fort, mais qui anesthésie la bouche ! Si de surcroît vous êtes en uniforme, alors c'est encore plus dur.

En France métropolitaine, il y a aussi des spécificités fortes : la plus connue est bien sûr l'ancienne Alsace-Moselle avec des règles non encore effacées, héritage de l'arrivée de l'Allemagne entre 1870 et 1918. L'évolution de cette entité a d'ailleurs continué ; aujourd'hui, avec la fusion des deux départements d'Alsace, on parle désormais de Collectivité européenne d'Alsace. Les exemples ne manquent pas, citons pour finir Paris qui est la seule commune à être un département.

Cela démontre que la République sait s'adapter aux territoires.

*Centralisée jusqu'au bout*

Mais la France est aussi, en Europe et dans le monde occidental, l'un des pays les plus centralisés ; c'est un pays doté d'un régime plus présidentiel que parlementaire, avec un territoire où l'exécutif national domine les pouvoirs locaux ; c'est encore l'un des rares pays où le chef de l'État est en réalité le chef de l'exécutif.

Notre système sait même être centralisé jusqu'à la caricature. Prenez certains des arrêtés ministériels publiés chaque jour au Journal officiel de la République française (le fameux JORF). Je ne résiste pas à vous faire lire le libellé (juste le libellé, rassurez-vous) de l'un d'eux :

« Arrêté du 5 octobre 2021 portant prorogation de l'habilitation à la délivrance de certificats de teneur limite en humidité admissible aux fins du transport (TML) et de déclarations de teneur en humidité moyenne de la cargaison (NMC). » !

Le poids du pouvoir central, je l'ai ressenti alors que j'étais secrétaire général de la préfecture des Yvelines. Un beau jour, je reçois un coup de téléphone de la présidence de la République. On me met en attente et finalement c'est le Président lui-même, François Mitterrand, que l'on me passe : « Bonsoir M. le Secrétaire général. Pour les travaux de construction de l'autoroute A14, on me dit que vous avez autorisé l'abattage d'arbres nombreux ! » Un peu interloqué, je réponds : « Oui, M. le Président de la République, mais uniquement des petites tiges, pas de hautes tiges. » Si cela n'est pas l'expression d'un pouvoir central, fort et tatillon ! Il est vrai que François Mitterrand venait de temps en temps rencontrer des amis pour jouer au golf dans les environs de Versailles, dans la forêt de Saint-Germain.

La V^e^ République a déjà soixante-quatre ans d'existence. La II^e^, quant à elle, a duré moins de trois ans, la I^re^ une décennie, et la IV^e^ environ treize ans. Notre constitution a donc fait la preuve de sa longévité, tout autant que la III^e^ qui a duré presque soixante-dix ans et survécu à la Première Guerre mondiale. Elle a surtout fait preuve de son adaptabilité avec notamment l'instauration du suffrage universel pour l'élection de son Président, au tout début de son existence, en 1962, et avec deux autres évolutions majeures, à savoir la création puis l'approfondissement de l'Union européenne et désormais le contrôle permanent du Conseil constitutionnel sur la constitutionnalité des lois. Elle a su surmonter la période difficile de la décolonisation et mettre en place une décentralisation, certes boiteuse, mais réelle depuis 1981. Voilà pour des réformes positives.

À l'inverse, elle a vu le raccourcissement du mandat présidentiel à cinq ans au lieu de sept ans initialement et la plupart des observateurs le regrettent aujourd'hui. Cette réforme a placé le chef de l'État en campagne électorale sur près de la moitié de son mandat, elle a transformé les rapports entre l'exécutif et le législatif et a, en outre, privé le Président de sa qualité quasi automatique de doyen des chefs d'État et gouvernement, en cas de réélection, au sein de l'Union européenne et dans les instances internationales : c'est une petite réforme, mal pensée, voulue au nom d'un modernisme d'apparence, que l'on a faite sans avoir pesé suffisamment le pour et le contre.

Malgré ses qualités, notre constitution reste décriée au point que certains pensent qu'il serait sage, voire indispensable de procéder à une nouvelle et profonde révision de celle-ci pour, disent-ils, l'adapter au monde qui a changé et assurer une meilleure participation des citoyens désormais mieux informés.

Il n'est, à mon sens, nul besoin d'une VI$^{e}$ République. Gardons la V$^{e}$, elle a fait la preuve de sa solidité et de son aptitude au changement. Mais il faut la faire évoluer, afin d'améliorer la performance républicaine de nos institutions : cela devient même indispensable.

*Quels doivent donc être les axes de cette évolution ?*

Le débat porte sur plusieurs points : centralisation ou décentralisation ? Démocratie directe ou démocratie représentative ? Régime présidentiel ou régime parlementaire ? Il s'agit sur chacune de ces trois questions de placer le curseur au bon endroit pour que nos institutions politiques et notre pays puissent affronter les crises multiples et variées : crise climatique, crise migratoire, crise sociale, crise économique, dont nous savons qu'elles vont sévir plus durement dans un monde plus conflictuel. Il nous faut tout à la fois être efficace pour vivre mieux ensemble, assurer une proximité féconde avec les collectivités locales sans défaire l'unité de la République, poursuivre l'approfondissement de l'Union européenne sans dissoudre la République, et faire vivre une démocratie pleine et entière !

Pour régler ces questions pourquoi ne pas prévoir un référendum large, avec des questions multiples, qui permettrait de conjurer les populismes, en ce temps où la pression des médias et des réseaux sociaux empêche de présenter sereinement des actions longues et de comprendre les efforts à faire pour vivre collectivement ?

Avant de décider de changer, appelons notre histoire à la barre. Nous pourrons alors nous demander vers quoi évoluer.

Ayons, pour commencer, à l'esprit qu'en France c'est l'État qui a créé la nation, à l'inverse des autres grands pays européens, tels l'Allemagne, l'Italie, l'Espagne. Le cas du Royaume-Uni est plus spécifique. L'aventure commence peut-être avec Charles VII, Roi de France de 1422 à 1461. Vainqueur de la guerre de Cent Ans contre les Anglais qui voulaient être aussi souverains de France, il fut sacré à Reims en 1429. C'est le roi de Jeanne d'Arc, la pucelle qui le conforte et l'encourage après leur rencontre à Chinon. C'est le père de Louis XI, qui poursuivra l'implantation de l'État et agrandira le territoire de la monarchie. Après la mort de Jeanne sur le bûcher, il est un vrai roi de France et Jacques Cœur, nommé grand argentier, l'aide à bâtir ce royaume-État. Héros d'un superbe roman de Jean-Christophe Ruffin, *Le Grand Cœur*, il est dans mon esprit, avec Jeanne d'Arc et Charles VII, l'un des trois fondateurs de notre aventure nationale qui se poursuivra avec Louis XI, les Valois et les Bourbons jusqu'à Louis XVI et la Ire République après 1789.

Parlant de la République naissante, comment alors ne pas citer les lignes étourdissantes de Victor Hugo dans son roman *Quatrevingt-Treize*, dernier roman paru en 1874 ; décrivant l'œuvre de la Convention, il écrit ces lignes que tous les écoliers de France devraient apprendre et connaître :

> En même temps qu'elle dégageait de la révolution, cette assemblée produisait de la civilisation. Fournaise, mais forge. Dans cette cuve où bouillonnait la terreur, le progrès fermentait. De ce chaos d'ombre et de cette tumultueuse fuite de nuages sortaient d'immenses rayons de lumières parallèles

aux lois éternelles. Rayons restés sur l'horizon, visibles à jamais dans le ciel des peuples et qui sont l'un la justice, l'autre la tolérance, l'autre la bonté, l'autre la raison, l'autre la vérité, l'autre l'amour [...] Elle [la Convention] déclarait l'indigence sacrée ; elle déclarait l'infirmité sacrée dans l'aveugle et le sourd-muet devenus pupilles de l'État, la maternité sacrée dans la fille-mère qu'elle consolait et relevait, l'enfance sacrée dans l'orphelin qu'elle faisait adopter par la patrie, l'innocence sacrée dans l'accusé acquitté qu'elle indemnisait. Elle flétrissait la traite des Noirs ; elle abolissait l'esclavage. Elle proclamait la solidarité civique. Elle décrétait l'instruction gratuite. Elle organisait l'éducation nationale par l'école normale à Paris, l'école centrale au chef-lieu, et l'école primaire dans la commune. Elle créait les conservatoires et les musées. Elle décrétait l'unité de code, l'unité de poids et de mesures, et l'unité de calcul par le système décimal. Elle fondait les finances de la France [...] elle donnait la circulation, le télégraphe, à la vieillesse les hospices dotés, à la maladie les hôpitaux purifiés, à l'enseignement l'école polytechnique, à la science le bureau des longitudes, à l'esprit humain l'institut. [...] Elle déclarait la morale universelle base de la société et la conscience universelle base de la loi.

Viennent ensuite le Directoire et Napoléon Bonaparte, avec ses aventures, ses guerres horribles de conquête, l'esclavage rétabli, mais aussi le Code civil, la Banque de France, et bien sûr le corps préfectoral. Servir la République c'est se souvenir de cette histoire comme celle de la France libre et du Conseil national de la Résistance.

Oui, notre République est jacobine, c'est le fruit de l'histoire et cela n'est pas honteux. Certes la recherche heureuse vers plus de liberté individuelle, l'énergie croissante des territoires ne permettent plus, et c'est très bien ainsi, de plaider pour un *statu quo* de nos institutions. Mais ayons à l'esprit que si l'Allemagne, à l'époque la République fédérale allemande (RFA), est une République décentralisée, où le pouvoir des Länders est immense, c'est d'abord le choix imposé par les vainqueurs alliés en 1946 pour l'affaiblir. Regardons les difficultés italiennes ou espagnoles pour conserver un pays uni et faire front à la montée des populismes dangereux. Quant au fédéralisme américain, c'est le fruit d'une histoire à laquelle la France n'est pas étrangère, mais ce n'est pas notre histoire.

Aujourd'hui, il faut que notre démocratie redevienne vivante et créatrice. Pour ce faire nous devrions ouvrir trois chantiers, pourquoi pas sous la forme d'un « Grenelle des institutions » : celui du pouvoir central, celui des collectivités locales, et celui d'une participation des citoyens à l'exercice d'un pouvoir démocratique.

## *Les citoyens et le pouvoir démocratique*

Depuis des années, chaque week-end amène son lot de manifestants qui disent tous que c'est le dernier moyen qu'il reste « au citoyen de base » pour être entendu. C'est d'un ridicule qui me fait pleurer. Dans notre schéma institutionnel, la vérité, et c'est tant mieux, est que le pouvoir reste au peuple. Toutes les autorités en France sont élues : président de la République, parlementaires, élus locaux, et des élections ont lieu environ tous les deux ans. Le quinquennat présidentiel permet de changer l'orientation générale tous les cinq ans. Quelle autre légitimité inventer que ce pouvoir toujours élu ? La rue, la peur, le mensonge ? Faut-il croire que, réseaux sociaux obligent, les minoritaires, ceux qui ont perdu les élections ont nécessairement raison puisqu'ils ont échoué, puisqu'ils n'ont pu faire valider leurs propositions par le suffrage universel ? La réponse est non, sauf pour les tenants du désordre et ceux qui confondent intérêt général et défense de leurs propres intérêts.

L'aventure collective, décidée dans une démocratie élective, permet, autorise, suppose, implique nécessairement quelques restrictions à une fausse liberté individuelle égoïste. Pourtant, j'en conviens, les citoyens doivent être mieux associés à l'exercice du pouvoir entre deux élections. Le temps n'est plus où le pouvoir pouvait s'exercer sans concertation et sans rendre de comptes. Oui, il faut y arriver mais rejetons le Référendum d'initiative populaire et tout ce qui pourrait ressembler à un rapt de la légitimité élective par des groupes plus actifs. De même, rejetons les faux-semblants de réunions de citoyens tirés au sort s'exprimant de manière globale sur des décisions complexes. Même la Commission nationale du débat public n'amène rien puisque seuls les opposants s'expriment et que son but est simplement de ne pas paraître inféodée au pouvoir exécutif. Il faut trouver un système nouveau qui conforte la démocratie sans ôter la responsabilité à l'élu qui a été choisi pour cela. Osons une proposition : mettons en place des comités de citoyens spécifiques à chaque fois adaptés au sujet dont s'agit et au territoire concerné. Ces comités seraient composés par les autorités compétentes, mais sous le regard et la critique de la Commission nationale du débat public, et ils débattraient des propositions soumises par les exécutifs.

Ainsi, par exemple, un maire pourrait faire appel à une commission spécifique pour un plan d'urbanisme, un investissement particulier. Un conseil départemental ferait de même pour une déviation routière, une nouvelle prestation sociale et une région pourrait le faire sur une politique énergétique. Multiplions les comités *ad hoc* à pouvoir uniquement consultatif mais rendons publics ses avis ainsi que, bien sûr, la composition du comité. La multiplication de ces comités renforcera la démocratie, sans mettre à mal la capacité de décider et donc de créer notre vie collective. Au plan national, d'ailleurs, il peut sembler opportun que chaque ministère, sur des décisions importantes réunisse dans les mêmes conditions, une sorte de conférence de consensus avant de proposer une loi au Parlement ou un décret au Premier ministre.

*Territoire ou territoires*

La décentralisation est un autre sujet pour le moins désordonné et passionné. Les questions sont nombreuses concernant les collectivités locales : leur définition, leurs modalités électorale, la répartition des compétences entre elles, leur financement, leurs relations avec le pouvoir central.

Hors les spécialistes, peu de gens comprennent notre mille-feuille administratif : commune, communauté de communes ou d'agglomération, métropole, département, région, Union européenne. C'est le premier constat.

Le deuxième a trait au nombre trop important de certains découpages, héritiers de l'histoire, ce qui donne à chaque fois à la France des records européens quant au nombre de communes ou de métropoles par exemple. François Hollande est le seul qui ait échappé à cette course au record numérique en divisant le nombre de régions par deux. Bref, ma conviction est qu'il y a trop de tout ! S'agissant des communes, après des efforts de fusion, il y en a encore plus de 35 000. De même nous avons voulu à juste titre créer des métropoles : elles ont émergé en excès ! Quant aux départements, chacun connaît le pourquoi de leur périmètre : un aller-retour à cheval jusqu'au chef-lieu en une journée ; avouons que cette géométrie est ancienne.

Le troisième constat concerne les compétences, parfois exclusives, parfois partagées, dotées d'un financement toujours majoritairement issu de subventions de l'État : personne ne sait plus qui fait quoi et chacun veut tout faire, en général en demandant de l'argent à l'État.

Pourtant, nos compatriotes restent attachés aux collectivités locales, surtout aux communes, moins aux départements et aux régions si l'on en croit le score de la participation électorale lors des dernières consultations visant à élire les conseillers régionaux et départementaux. Et cependant à chaque alternance, un nouvel effort de décentralisation est engagé, quoiqu'il en coûte ! Le mécanisme de cette évolution est assez simple : l'opposition au pouvoir exécutif national est, en règle générale, à la tête des collectivités locales et elle réclame donc plus de pouvoirs et plus de subventions pour celles-ci. Une fois l'alternance réalisée, le nouveau pouvoir central est ainsi obligé d'en faire un peu… Il est temps, me semble-t-il, de sortir de ce désordre et des querelles strictement politiciennes pour n'avoir en tête que l'efficacité optimisée de l'action publique sur les territoires et une amélioration de notre vivre-ensemble.

Permettez-moi alors dans cette perspective d'exprimer quelques idées. Il conviendrait d'abord de supprimer les communes dans le périmètre de la communauté de communes et de créer une nouvelle commune à l'échelle de ce périmètre, regroupant toutes les anciennes. Ainsi, hors agglomération, communes et communautés de communes ne feraient plus qu'un. Dans les communautés d'agglomération – en règle générale autour de ce que l'on appelle des villes-centres – on devrait faire fusionner les communes de moins de 1 000 habitants avec la commune la plus proche. Pour les regroupements ayant le statut de métropole, je n'envisage pas de modification de périmètre mais je propose de ne plus créer de nouvelles métropoles. Concernant les départements et les régions, il faudrait supprimer ces deux niveaux pour les remplacer par ce que l'on pourrait nommer des territoires. L'objectif serait d'aboutir à 50 territoires au maximum. Cette fusion département-région fonctionne déjà sans problème outre-mer et en Corse, pourquoi ne pas continuer ? Citons ici les cas les plus évidents à mettre en œuvre : les deux Savoie, l'Alsace, Gard-Lozère-Hérault, Nord-Pas-de-Calais. S'agissant de leurs compétences, ces nouveaux territoires cumuleraient les compétences des anciens départements et des anciennes régions, mais n'auraient pas de compétences universelles, uniquement des compétences d'attribution. Seules les communes et les métropoles auraient des compétences universelles mais, à l'exception de Paris, Marseille, Lyon, elles n'exerceraient pas de compétences attribuées par ailleurs aux « nouveaux territoires », sauf éventuellement de manière contractuelle après accord de délégation avec ces derniers. Reste le cas de la Région Île-de-France et de la Métropole du Grand Paris. Conformément à l'intuition initiale, Paris et les trois départements de la petite couronne pourraient fusionner pour former le « territoire » du Grand Paris. La Région Île-de-France serait bien sûr supprimée. Pour l'histoire, c'était bien l'intention de François Hollande et il avait recueilli mon avis lorsque nous discutions ensemble lors d'une cérémonie du 18 juin au Mont Valérien. S'agissant des recettes, les collectivités locales n'auraient pas la possibilité de créer des recettes fiscales nouvelles ; celles-ci ne pourraient, comme c'est le cas aujourd'hui, n'être créées que par la loi ; les collectivités auraient néanmoins la maîtrise des taux. Dans le même temps, d'autres recettes fiscales devraient être créées au profit de ces collectivités : communes, métropoles et territoires, à coût fixe pour l'État qui pourrait alors se désengager de compétences qu'il rechigne à abandonner.

Mais cela ne ressemble-t-il pas trop à un retour aux provinces de l'ancien régime ? Peut-être un peu s'agissant des périmètres de ces nouveaux territoires. Est-ce grave ? Certainement pas si les compétences sont clairement fixées, ainsi que leurs modalités de financement, si la démocratie élective triomphe partout, si l'État central assure l'unité de la République.

Considérons à présent le statut de l'élu local. Je suggère de revenir sur le non-cumul des mandats dont on ne voit pas bien le fondement mais plutôt les conséquences négatives sur la reconnaissance même des collectivités locales. Cessons de croire que ce serait mieux si l'élu local se consacrait à 100 % à ce métier d'élu. Eh bien non !, élu n'est pas un métier, c'est une fonction et un engagement citoyen ne suppose pas d'abandonner son métier. Je propose même, en contrepartie de ce surcroît d'emploi du temps, d'augmenter les indemnités aujourd'hui dérisoires. Il en est de même d'ailleurs des rémunérations des députés et des ministres.

Plus fondamentalement, par ailleurs, une réflexion sur les langues régionales est absolument nécessaire : leur renaissance me semble être un plus pour la démocratie française, pour la cohésion nationale, bref un plus pour la République : leur développement et leur renouveau n'est pas, bien au contraire, une forme de séparatisme dès lors que tout un chacun est appelé à apprécier le breton, le basque, l'occitan et ses variants, que tous peuvent participer aux diverses manifestations en langues régionales. Le maintien des langues, c'est le maintien de l'histoire qui a fait la France. Beaucoup d'entre nous se souviennent que leurs grands-parents, leurs arrière-grands-parents, ne parlaient pas français à la naissance ; ils ont dû l'apprendre. Les armées de 1914 parlaient occitan autant que breton ou français. Frédéric Mistral a eu le prix Nobel de littérature pour ses écrits en provençal. Nonobstant la polémique actuelle sur l'enseignement en immersion, les écoles Diwan en Bretagne, les *ikastolas* au Pays basque ou les *calendretas* en Occitanie ne me semblent pas menacer la République, au contraire elles confortent l'unité nationale par le respect de l'histoire, de la diversité des cultures qui font la France. Le temps n'est plus où la langue était le symbole recherché de l'unité nationale, où les révolutionnaires de 1789 et leurs successeurs du Directoire et de l'époque impériale croyaient devoir combattre les langues régionales pour assurer la légitimité de la République, puis de l'Empire, par le développement de l'enseignement public en français. Aujourd'hui, les problématiques se sont inversées et il est temps que les langues régionales aident la France à se refaire, la République à mieux vivre, à être plus ancrée dans ses territoires.

Bref, je choisis clairement le territoire de la République plutôt que la République des territoires ; mais il faut alors réformer l'État central.

## *L'État central*

Le troisième chantier pour progresser dans la résolution du dilemme territoire ou territoires, est celui de l'État central.

Pour commencer, il me semble qu'il faudrait revenir, s'agissant du président de la République, à un mandat de 6 ou 7 ans, renouvelable deux fois ; s'il convient de maintenir le Sénat en l'état, il faudrait en revanche réduire le mandat des députés à quatre ans, ce qui permettrait de séparer leur élection de l'élection présidentielle. Il serait bon, en outre, tout en maintenant le système majoritaire à deux tours, de réduire légèrement le nombre des députés ; en tout cas, faire en sorte d'obtenir une majorité claire ; une majorité qui ne soit pas soumise au jeu des coalitions.

Par ailleurs, en même temps que nous devrions augmenter la rémunération des parlementaires et autoriser le cumul des mandats, il ne serait pas inutile de rationaliser le travail parlementaire en systématisant la procédure d'urgence (avec commission mixte paritaire) et en accroissant le nombre des niches parlementaires de l'opposition pour qu'elles puissent plus facilement déposer des propositions de loi, tandis qu'on réduirait la capacité donnée au gouvernement de légiférer par ordonnance ; cette procédure devrait être réservée à des cas d'urgence, des cas répétitifs ou pour les trois transpositions des textes européens. Il faut revenir à un travail parlementaire plus classique.

S'agissant de la structure du gouvernement et de la déconcentration de ses décisions, il y a aussi, je pense, une réflexion à mener. Sur la structure gouvernementale, ne faut-il pas constitutionaliser les principes de sa composition : établir le nombre de ministères, de ministères délégués, et peut-être même les dénominations de ceux-ci, en tout cas des principaux ? Peut-on rêver de l'obligation pour les ministres de signer eux-mêmes les décrets et arrêtés ministériels ; ça en limiterait la multiplication. Bien sûr le découplage des élections législatives et présidentielles rend obsolète l'idée de la suppression du poste de Premier ministre puisque la cohabitation entre un Président et une majorité non issue de son parti redevient une possibilité !

Enfin, et cela ferait pendant à la réforme des collectivités locales, il faudrait envisager la déconcentration des pouvoirs de gestion ministérielle en faveur des préfets.

Pour trouver le chemin de la République entre territoire et territoires, pour que le peuple reste souverain, je défends donc fortement l'idée de la démocratie représentative et de l'unité de la République, le concept du territoire de la République plutôt que celui de la République des territoires. Pourtant, je doute parfois et mes convictions s'entrechoquent.

Confronté à ces doutes et interrogations on peut adopter une attitude binaire qui consiste à croire, à faire croire et à agir comme si la vérité était une et exclusive. Ce type d'attitude en politique, à l'époque des réseaux sociaux, est tout à fait contreproductive. On peut opter pour la synthèse, qui consiste cette fois à croire et à agir comme s'il y avait toujours une voie moyenne, une synthèse entre la thèse et l'antithèse ; à croire qu'il serait possible de trouver une sorte d'unité des contraires. Mais je crains qu'en politique, cette voie ne mène qu'aux demi-mesures, et finalement à l'inaction. Enfin, on peut choisir d'accueillir la coexistence des contraires. Au-delà de cas particuliers, une position contraire à une autre n'impliquerait pas nécessairement que l'une d'entre elles serait illégitime. La politique consiste à trouver le chemin qui ne nie ni n'efface les contraires, mais les transcende dans le mouvement. J'ai l'habitude de dire que le nombre de contradictions dans une pensée est le signe de sa richesse. Cela est particulièrement vrai dans ce domaine de réflexion sur notre organisation républicaine.

Pour avoir travaillé sous les instructions souvent directes de cinq présidents de la République successifs, pour avoir été à des postes de responsabilité sous le mandat de quinze Premiers ministres, et me souvenir de tous les autres depuis 1958, je veux conclure cette courte réflexion sur nos institutions en disant, à nouveau, que tous, avec leurs convictions différentes, parfois et même souvent opposées, avaient l'envie de servir leur pays chevillé au corps. Tous croyaient en la République. Je m'oppose à tous ceux qui vont finir par détruire la République en répétant à l'envi : tous pourris, tous nuls, bon débarras.

# X

# L'Outre-mer, comme une espérance

Tout au long de ce livre j'ai parlé de la République telle qu'elle est et telle que je la rêve : la République, ma République, celle que j'ai œuvré à façonner dans ma fonction de préfet, celle que je projette dans l'avenir. Les deux sont indissociables. Pour moi comme pour tous ceux qui font partie de ce qui était encore il y a peu le « corps » préfectoral. Car enfin, pour travailler, et assumer ces responsabilités, il faut avoir une idée de la République que l'on veut instaurer.

Je voudrais à présent élargir l'horizon au-delà du métier de préfet et de sa dimension politique. Je voudrais, en m'appuyant sur l'expérience que j'ai acquise, agrandir mes considérations.

*Nouméa, Nouvelle-Calédonie*

Le téléphone sonne. Il est aux environs de 19 h. Nous sommes le 4 mai 1989. « Bonjour Monsieur, je dois vous annoncer le décès de Jean-Marie Tjibaou. »

Je suis le sous-préfet de permanence pour la semaine et c'est donc moi qui suis prévenu. C'est un choc terrible, une émotion intense que je partage immédiatement avec mon épouse. Jean-Marie Tjibaou était un très grand leader tiers-mondiste, lumineux, généreux, francophile comme personne ; c'était mon ami ! Une minute plus tard, je joins au téléphone Bernard Grasset, le haut-commissaire qui, avec son « ton » toujours calme mais terriblement efficace, me dit : « Venez, je vous attends au plus tôt. »

Après avoir prévenu Paris nous organisons le retour des corps à Nouméa depuis la tribu de Gossanah sur l'île d'Ouvéa. Des corps, effectivement, car il y en a deux, puisque Yeiwéné Yeiwéné a lui aussi été assassiné. Mon épouse se chargera de prévenir l'épouse de Jean-Marie Tjibaou, ainsi que Nana Yeiwéné, qui est introuvable ; nous étions proches d'eux.

En fin de soirée, alors que la nuit est tombée, l'hélicoptère arrive enfin. L'émotion est terrible à la descente des corps qui sont immédiatement transférés au funérarium de Nouméa où ils seront exposés. C'est désormais à l'état-major du FLNKS d'organiser les choses, pour un temps au moins.

De retour au Haut-Commissariat, il est décidé que Bernard Grasset et moi-même nous rendrions au funérarium pour nous incliner officiellement devant les corps. Nous irons à pied : cela veut dire que nous aurons à fendre une foule assemblée tout le long de la route qui monte vers le sommet de la colline. Le chef de cabinet adjoint prend une arme… à toutes fins utiles. Je n'oublierai jamais ce parcours, mon émotion, ma peur aussi… À mes côtés, le haut-commissaire est ému mais il est digne et impassible.

Le soir, dans ma maison, au bord de l'Anse Vata, c'est la tristesse qui règne, une tristesse mêlée de rage. Jean-Marie avait longuement hésité avant d'aller à Ouvéa. Cette semaine-là, il avait prévu de passer le week-end en famille et entre amis.

Tout le monde est présent : ses enfants, Jean-Philippe, Manu, Lorenza et leurs autres frères, Marie-Claude, son épouse, Jacques Iekawé et sa femme Sidonie, le secrétaire général du Haut-Commissariat. Il y a plus de trente ans de cela, et je n'ai rien oublié.

Quelques jours plus tard avait lieu la cérémonie religieuse en la cathédrale de Nouméa, en présence notamment de Michel Rocard, Premier ministre. Une foule compacte de Kanaks était venue saluer Jean-Marie, qui devait être enterré dans sa tribu, à Hienghène, près de ses dix frères et cousins assassinés, quelques années auparavant lors d'une embuscade dans la vallée. Après cette cérémonie émouvante, j'irai me recueillir plusieurs fois sur sa tombe. J'y retournerai en 2014 avec son fils Manu et Paul Néaoutyine, le leader du FLNKS.

En 2006, à Paris, Marie-Claude m'appelle pour venir déjeuner chez nous, dans notre petit appartement en face de l'église Saint-Roch. Je les revois, Marie-Claude, sa fille, Nana Yeiwéné et une dame que je ne connais pas, toutes habillées en « robe mission » dans la rue Saint-Honoré ! Ce n'est qu'à la fin du déjeuner que j'apprends que la dame que je ne connaissais pas est la femme de Djubelly Wéa, l'assassin de Jean-Marie. Elles sont venues ensemble dans le cadre du processus de pardon. Marie-Claude voulait demander à ses amis, ceux qui avaient été présents au moment du drame, d'accepter, de pardonner… Sa démarche se traduira, quelques semaines plus tard, à Hienghène, par la cérémonie coutumière du pardon.

Voilà l'Outre-mer ! C'est sur cette émotion, sur les drames mais aussi sur le pardon que se construit l'espérance.

Nos territoires d'Outre-mer sont regardés avec envie par les pays qui les entourent. On peut évoquer l'émigration des îles de la République des Comores vers le département français de Mayotte dans l'océan Indien. En quelques années, ce petit territoire que le président Valéry Giscard d'Estaing a soustrait à l'indépendance des Comores et que Nicolas Sarkozy a voulu transformer en département français membre à part entière de l'Union européenne, a vu ainsi passer sa population de 80 000 à près de 350 000 habitants ! On peut évoquer aussi l'immigration brésilienne et surinamienne en Guyane et la croissance démographique de Saint-Laurent-du-Maroni.

Je voudrais vous faire partager un souvenir guadeloupéen.

J'exerçais, en Guadeloupe, en tant que préfet quand je reçus en visite officielle, le Premier ministre de la Dominique, M. Rosie Douglas. Il venait en voisin depuis Roseau, la capitale de cette petite île située entre la Guadeloupe et la Martinique, dont la langue officielle est l'anglais mais la langue vernaculaire le créole dominicain à base lexicale française. C'était au milieu de l'année 2000, M. Rosie Douglas venait de prendre ses fonctions. Mais peu après son retour il décédait brutalement, et était remplacé par M. Pierre Charles qui, à son tour, me rendit visite à la fin de la même année. Les deux hommes avaient une demande à faire, la même pour l'un et l'autre : ils souhaitaient un rapprochement très fort, voire complet avec la République française. Je transmis aussitôt cette demande à notre Premier ministre d'alors, M. Lionel Jospin. Je fus fortement réprimandé pour avoir relayé une telle demande, mais là n'est pas mon sujet ; je voulais simplement témoigner de l'incroyable attractivité de la France dans le monde au travers de ses territoires ultramarins.

Et pourtant nos institutions outre-mer ne sont plus adaptées à notre monde, parce que la pratique du pouvoir n'ose plus s'y affirmer pour tracer le chemin de la réconciliation et de l'avenir.

Pour y avoir exercé des responsabilités diverses : secrétaire général en Nouvelle-Calédonie, préfet à Saint-Pierre-et-Miquelon, préfet en Guadeloupe, je crois pouvoir dire que nous ne faisons pas assez en Outre-mer. Ce que nous pourrions y faire est éminemment illustratif des problèmes actuels de notre République. Outre les trois territoires dans lesquels j'ai exercé, il faut nommer aussi la Martinique, Wallis-et-Futuna et ses trois royaumes, la Polynésie et ses îles de rêve innombrables dans le Pacifique, La Réunion voisine de Madagascar, la Guyane, entre océan et forêt amazonienne, sans parler de Clipperton, des terres australes et de la Terre Adélie.

Sur ces territoires, la France doit être une terre d'espérance, une terre d'accueil et une terre d'innovation.

### *Une histoire à partager*

Certes, les nations européennes ont conquis, par la force ou par la ruse, ces territoires pour y affirmer une puissance mondiale, y trouver des matières premières mais aussi parce qu'elles croyaient y apporter la civilisation.

Les pays occidentaux ont conquis ces territoires en asservissant les populations autochtones, et en anéantissant les pouvoirs locaux. Il faut d'abord le reconnaître, sans repentance toutefois, car cela n'a aucun sens ; je ne me sens pas responsable de l'histoire, si ce n'est de sa lecture. Et oui, ces territoires, pour la plupart, se sont développés à travers l'esclavage par lequel des hommes et des femmes étaient vendus par des potentats africains à des trafiquants blancs pour les vendre à des colons qui les exploitaient sans vergogne et sans honte et qui ne voyaient pas en eux des êtres humains mais simplement une force de travail gratuite et docile.

Tout cela fait partie des horreurs absolues de l'histoire qu'il faut reconnaître, comme l'écrasement de la révolte de Madagascar en 1947, après le massacre de Sétif en mai 1945, le jour même de l'armistice. Mais, encore une fois, je ne m'en sens pas responsable, si ce n'est que cela doit renforcer le devoir de fraternité de la République envers ses enfants, qui doivent retrouver leur histoire et s'approprier un territoire. Sans cette appropriation, il n'y a pas de République, il n'y a pas d'avenir.

Alors oui, Delgrès est un héros français. Et lors du suicide collectif de ses partisans en 1802 à Matouba sur les pentes de la Soufrière, il prononce les mêmes paroles que Tom Morel sur le plateau des Glières en 1944 : « Vivre libre ou mourir. » Comme André Schwarz-Bart, comme Gaston Monnerville, reconnaissons la lutte contre l'esclavage à l'identique de la lutte contre l'oppression nazie.

Et, non, Toussaint Louverture n'a pas trahi la France. C'est la France et singulièrement Napoléon Bonaparte qui l'ont trahi ! Dans *Le Mémorial de Sainte-Hélène*, Napoléon regrette d'ailleurs son erreur.

Voilà le récit qu'il nous faut partager. Mais il vous faut dire aussi, vous Calédoniens, vous Antillais, vous Réunionnais et tous les autres, que vous êtes de la France libre comme Félix Éboué, que vous êtes de la 2e DB, de Monte Cassino après avoir été du Chemin des dames, que vous avez été à Verdun et sur la Marne, au Levant, aux Dardanelles après avoir été à Valmy et à Jemappes, vous, les soldats noirs de la République. Vous êtes la République meurtrie et combattante.

## *Des institutions rénovées*

Ceci posé, commençons par le fait qu'il importe d'effectuer un travail sur les institutions des îles d'Outre-mer. Que chacun de ces territoires ait le choix entre un statut territorial intégré, avec éventuellement une fusion région-département comme c'est le cas en Guyane et à La Réunion, un statut d'autonomie plus ou moins grand comme Saint-Pierre-et-Miquelon, la Polynésie, la Nouvelle-Calédonie aujourd'hui, ou l'indépendance si la demande en est majoritairement et clairement exprimée.

Il faut absolument que chacun de nos amis ultramarins ressente profondément que la France est un choix et non une contrainte, une chance et non pas une oppression. Une fois cela exprimé, chacun de ces territoires pourra être librement la France dans les océans du monde. Il sera là pour porter la langue française, dans son expression créole aussi bien, là pour lutter contre l'unification du monde et l'attrition des cultures, là pour défendre et diffuser la culture française tout autant que les cultures historiques, pour être un havre de paix pour les réfugiés des territoires voisins, pour être un pôle d'innovation et de développement économique régional, pour être un lieu privilégié de la conservation de la nature. C'est possible, si la République est vertueuse.

Voilà en tout cas les rêves que je fais pour les îles de la République dans le monde.

Outre le poids politique et économique qu'ils lui apportent en lui permettant d'être présente dans tous les océans du monde : Indien, Atlantique, Pacifique, Antarctique, ces territoires ultramarins, ces îles, offrent à la France un enrichissement culturel incroyable.

Cette dimension culturelle, on la trouve partout en Outre-mer.

Lorsque j'ai été nommé préfet à Saint-Pierre-et-Miquelon, j'ai découvert en arrivant une francophonie de combat ; nos amis québécois ne sont, vus d'ici, que des Américains qui parlent français et les voisins de Terre-Neuve, rattachés au Canada en 1949, sont des « Gnoufs » : *Newfoundland*, *newfies*, *newfs*, gnoufs ! Et personne n'a aimé que l'université de Montréal ouvre trop facilement ses portes aux bacheliers de Saint-Pierre.

L'histoire de Saint-Pierre, c'est l'histoire des terre-neuvas venus de Normandie, c'est l'histoire de la pêche à la morue, espèce qui allait disparaître brutalement dans les années 1990. Mais je veux retenir le souvenir de l'amiral Muselier, le patron des Forces françaises navales libres en 1940-1945, qui débarqua à Saint-Pierre à Noël 1941 et y désigna Alain Savary comme gouverneur. C'est d'ailleurs à Saint-Pierre que s'installera l'atelier de fabrication des écussons des FFNL. Je veux retenir Eugène Nicole, professeur de littérature française à l'université de New York, qui voulut faire connaître l'archipel à travers un riche roman autobiographique en cinq volumes ! Mais la fierté culturelle de Saint-Pierre, c'est aussi l'invention des Francophonies, bien avant les Francofolies, festival de chanteurs francophones invités par Henri Lafitte, chanteur et écrivain de l'île, qui se produisent dans tous les bars de la ville.

La Martinique n'est certainement pas en reste sur ce point, songeons à Frantz Fanon, auteur trop méconnu, ou encore à Aimé Césaire, auteur du *Cahier d'un retour au pays natal*, et créateur, avec Léopold Sédar Senghor, du terme et de l'idée de la « négritude », songeons à la fierté culturelle de l'île avec la scène nationale de Fort-de-France et relisons *Quatre-vingt-dix secondes*, le roman de Picouly sur l'éruption de la montagne Pelée, en mai 1902, alors que l'on célébrait le centenaire de la mort de Louis Delgrès, une éruption qui rasa la ville de Saint-Pierre.

Cette dimension culturelle, on la rencontre encore en Guadeloupe évidemment, et au-delà de tout. Là s'est ouvert, sur une volonté de François Hollande, il y a juste quelques années, le Mémorial ACTe, dédié à la mémoire de la traite et de l'esclavage ; chaque territoire d'Outre-mer devrait d'ailleurs avoir sa scène nationale, son centre dramatique, son centre chorégraphique, son lieu de mémoire comme le Mémorial ACTe à Pointe-à-Pitre, le Centre culturel Tjibaou à Nouméa. Oui, en Guadeloupe où le théâtre, la danse, la peinture, la sculpture irriguent la vie quotidienne, c'est un véritable feu d'artifice culturel. C'est là qu'André Schwarz-Bart, l'auteur du *Dernier des justes*, est venu s'installer après son mariage avec la Guadeloupéenne Simone Brumant, conteuse lumineuse de son pays. Dans ce contexte, une place à part doit être faite à Maryse Condé, l'immense Maryse Condé ; pour tout dire, elle n'est pas toujours facile d'accès dans la vie, mais c'est un personnage peu ordinaire. Son histoire africaine, son talent, ses convictions sur le rôle des intellectuels guadeloupéens, sa férocité politique en font, à plus de 80 ans, une personnalité incontournable, une fierté de l'Outre-mer et de la France. Relisons *Pays mêlé*, *La vie scélérate*, *La Colonie du Nouveau Monde* et, bien sûr, *Moi, Tituba sorcière… Noire de Salem*.

Et je peux continuer avec la Guyane, où il y a d'abord le souvenir de Félix Éboué, le Noir qui s'est levé pour défendre les Juifs contre les nazis, comme l'avait fait avant lui cet autre guyanais, Gaston Monnerville, dans son discours du 21 juin 1933 sur l'esplanade de Chaillot :

> Le drame qui angoisse nos frères de race juive n'a pas son écho seulement dans leur cœur. Me tournant vers les persécutés d'Allemagne, je leur apporte mon fraternel salut et je leur dis : Nous, les Fils de la race noire, nous ressentons profondément votre détresse. Nous sommes avec vous dans vos souffrances et dans vos tristesses. Elles provoquent en nous des résonances que ne peuvent pas saisir pleinement ceux à qui n'a jamais été ravie la liberté. S'il est vrai que l'hérédité est la mémoire des races, croyez que nous n'avons pas perdu le souvenir des souffrances de la nôtre. Et

c'est ce qui, en dehors même du plan supérieur de la solidarité des hommes, nous rapproche davantage de vous et nous détermine à nous associer à votre protestation.

Et puis il y a Léon Gontran Damas : « Nous les peu, nous les rien, nous les chiens, nous les maigres… »

Les choses changent et aujourd'hui, la Guyane me semble devenir, non plus la terre du Bagne et de l'île du Diable, non plus la terre d'enfermement du capitaine Dreyfus, mais une terre de la fraternité et de la liberté !

La République doit être fière de ses créateurs d'Outre-mer auxquels on peut ajouter ceux d'Haïti comme Yanick Lahens, Lyonel Trouillot et le jeune poète Jean D'Amérique. Mais pourquoi donc ce silence en France sur cette richesse culturelle caribéenne ?

### *Culture, mais aussi économie*

Car l'Outre-mer doit se développer, et se développer dans son environnement. Il doit être à la recherche d'une production plus locale et autonome des ressources, que ce soit en énergie ou en alimentation. Outre l'enjeu économique, il y a là un enjeu politique et social fort.

Évidemment, ce n'est pas simple. J'ai ainsi aidé à développer une production de yaourt à Saint-Pierre et une production de foie gras à Miquelon, et ça a marché : j'espère que ces deux petites entreprises fonctionnent encore. En revanche, l'idée d'interdire l'importation de pantalons d'origine australienne en Nouvelle-Calédonie au profit d'une production locale, si elle était légalement possible, s'est révélée être non seulement un échec, mais tout simplement une mauvaise idée.

Examinons quelques domaines de la vie économique et sociale des îles de la République.

Commençons par l'énergie. Dans tous ces territoires, quel que soit le coût de production de l'énergie, les habitants paient le même prix que s'ils habitaient à Tours, à Fessenheim ou à Paris. Tous ces territoires ? Pas tout à fait puisque la Nouvelle-Calédonie et la Polynésie ne sont pas la France énergétique. Mais ailleurs, à Saül, au milieu de la forêt amazonienne, à Miquelon, à Saint-Martin, sur toutes les îles, le prix de l'électricité est le même, et hormis quelques « écarts » dans la forêt sud-américaine, il y a de l'électricité partout. C'est extraordinaire et cela s'appelle la péréquation tarifaire. L'objectif est bien sûr que cela continue mais de manière plus autonome et non polluante. Et c'est possible si nous le voulons, avec les énergies renouvelables issues du vent, du soleil et de la mer. Partout sur ces territoires, grâce au système énergétique national qui assure la rentabilité minimum de ces investissements, se développent des énergies nouvelles : photovoltaïque à Marie-Galante, une des îles de l'archipel guadeloupéen ; CSR à Saint-Martin ; brûlage des ordures après transformation, géothermie près de Basse-Terre ; chutes d'eau artificielles et éolien en Martinique ; éolien à Miquelon ; énergie marine à Mayotte ou à Papeete. À partir de là, assurons l'avenir énergétique des îles, supprimons la pollution créée par les énergies fossiles : fuel et charbon, assurons le rayonnement des îles dans leur environnement et le développement des entreprises locales ; notons d'ailleurs que parmi les plus belles entreprises outre-mer, il y a plusieurs entreprises du secteur énergétique. Pour tracer le chemin, il y a les plans intitulés « Programmation pluriannuelle de l'énergie ». Mais il faut aller plus fort, plus loin, plus vite. Il faut oser.

Pour le reste, il convient d'en finir avec l'économie de comptoir héritée du système colonial et éviter dans le même temps de se faire submerger par un tourisme envahissant qui engendre parfois des conditions de travail d'un autre âge. Certes, le tourisme peut et doit se développer encore. Mais il ne saurait devenir la mono-industrie de ces territoires. Il ne saurait non plus entraîner l'artificialisation des sols des îles. Prenons garde à ne pas défigurer l'île des Pins en Calédonie ou encore l'île aux Marins à Saint-Pierre-et-Miquelon : ce sont parmi les plus beaux paysages du monde. Enfin, ce tourisme devrait se baser sur un socle d'entreprises d'origine locale.

Passons au secteur agricole. Je plaide de toutes mes forces pour que les importations de produits alimentaires et agricoles susceptibles d'être produits localement soient fortement taxées à l'entrée sur ces territoires : c'est possible avec ce que l'on appelle l'octroi de mer, droits de douane fixés par les conseils régionaux. Il n'est ni normal, ni sain ou utile que l'on importe de la viande ou des melons en Guadeloupe par exemple, ou en Nouvelle-Calédonie. On ne peut plus continuer avec la prééminence de la banane et de la canne à sucre, culture de grand champ avec leurs trois défauts inéluctables, même si leur qualité première, préserver l'espace, reste forte : la pollution qui accompagne souvent ces cultures du fait de l'usage de produits chimiques, l'emploi de travailleurs immigrés sous-payés que l'on charge, le plus souvent, de ces tâches difficiles et harassantes, et le coût. Car ces productions de cannes à sucre et de bananes sont largement subventionnées ; certes, c'est l'Union européenne qui est mise à contribution pour une large part, mais cela n'enlève rien à la notion du coût et au fait que cet argent serait peut-être plus productif s'il était utilisé dans d'autres productions agricoles.

Ce tournant reste à prendre et c'est urgent car beaucoup – presque tous – de ces territoires se dépeuplent faute d'avenir pour une jeunesse qui n'a plus alors d'autres choix que de rejoindre la métropole. Il est temps d'avoir des objectifs clairs et mobilisateurs sur ces choix. Outre les subventions, la fiscalité nationale ou locale, il nous faut ériger des règles plus contraignantes et plus propices au développement local.

### *Formation et innovation, vie sociale*

La République a déjà fait des choses admirables outre-mer en donnant accès, partout, à la scolarité, que ce soit le primaire, les collèges ou encore les lycées – le lycée de Saint-Pierre à Saint-Pierre-et-Miquelon est un exemple étonnant –, en développant des universités dans toutes les îles et un service militaire adapté (SMA) qui forme des milliers de jeunes, tous volontaires, à un métier accessible. Présentes en Nouvelle-Calédonie au plus fort de la crise, en place dans quasiment tous les territoires de l'Outre-mer, ces unités militaires ne recrutent que des volontaires : après un rappel des formations de base, et, disons-le, un rappel des règles de discipline, les jeunes reçoivent l'apprentissage d'un métier. Ce qui m'a le plus frappé, c'est le permis de conduire utilitaire… pour tous, gratuitement. Il nous faut continuer ces formations et surtout, leçon d'Outre-mer, les importer en France. C'est possible et c'est heureusement en cours.

Mais il faut aller encore plus loin et permettre que ces territoires soient à la pointe de la modernité numérique, de la création des activités de demain : c'est une absolue nécessité. Le centre spatial de Kourou en Guyane est l'image historique (certes non reproductible) de ce qu'il est possible de faire, comme le développement de la géothermie à Basse-Terre, le stockage de l'énergie par l'hydrogène à Saint-Laurent-du-Maroni, la recherche sur les nodules métalliques au large de Wallis-et-Futuna, la base scientifique française en terre Adélie sur le continent Antarctique.

Si l'on fait tout cela, le climat social s'apaisera naturellement. Car il faut bien le dire, les tensions sociales, les conflits du travail dans les écoles, dans les entreprises, dans les transports, dans les communes, sont parfois très violents en Outre-mer, et un conflit en chasse un autre. Certains des acteurs de ces conflits invoquent l'esclavage qui perdurerait : ce n'est qu'un immense conservatisme populiste qui ne pourra être dépassé que par le développement et le dialogue, par le rappel aussi qu'il n'y a pas de générosité sans rigueur et que le désordre ne profite jamais aux plus faibles. Pour paraphraser Victor Hugo, en Outre-mer, il n'est pas rare que la foule trahisse le peuple.

## *L'immigration en Outre-mer*

Plus qu'en France métropolitaine encore, la question de l'immigration est un sujet extrêmement sensible outre-mer : cette question conduit parfois à des attitudes et des comportements tout simplement et odieusement racistes.

J'ai ainsi participé à une émission de radio au cours de laquelle, confronté à des discours ouvertement racistes à l'encontre des Haïtiens, j'ai cru devoir rappeler que, comme nous, les Haïtiens avaient deux bras, deux jambes, une tête et qu'ils étaient des hommes et des femmes tout simplement.

L'Outre-mer de la République se doit d'être accueillant pour les habitants des îles voisines. J'envisage, certes, un accueil organisé, laïque, maîtrisé, mais un accueil tout de même, qui fera que les Haïtiens ou les Dominiquais, par exemple, ne seront pas systématiquement rejetés de Guadeloupe ou de Martinique, que les Surinamiens et les Guyaniens seront traités dignement en Guyane, les Comoriens à Mayotte, même s'ils ont vocation à être finalement reconduits.

Partout le problème est immense et la richesse relative attire les plus pauvres : faisons en sorte que la République outre-mer reste digne de ses valeurs, car à rejeter l'autre, son voisin, on finit toujours par se détruire soi-même. Sur ce sujet de l'immigration, relisons la conclusion du discours de Gaston Monnerville, évoqué plus haut, pour nous donner courage et détermination :

> Menons cette lutte avec sérénité, certes, mais une sérénité qui ne doit exclure ni l'ardeur, ni la fermeté. Il y faudra sans doute quelque courage. Pour aboutir, qu'il nous suffise de nous inspirer du principe qui a été le guide essentiel de l'homme qu'on a eu raison de tant louer ce soir ; de l'abbé Grégoire, ce cœur nourri du lait de l'humaine tendresse, dont les œuvres, les actes et la vie même en furent une constante, une magnifique illustration. Il n'y a pas de vertu sans courage.

Saint-Pierre, 6 000 habitants environ, sur 23 km$^2$ ; Miquelon, ses deux petites îles reliées par un banc de sable consolidé, et une seule commune de 600 habitants ; et l'île aux Marins, proche de Saint-Pierre, désormais inhabitée, île musée de la vie d'avant, celle de Terre-Neuve. C'est sous le règne de Louis XVIII que ces îles situées au sud de Terre-Neuve furent définitivement françaises après une longue contestation britannique. Rattachement confirmé en 1816. Plus français que Saint-Pierre-et-Miquelon, cet archipel magnifique, aux maisons de couleurs, ce n'est pas possible. Et ce petit territoire à l'embouchure du Saint-Laurent a toutes les couleurs de la République : deux mairies, un évêque, un député, un sénateur, un préfet, un conseil général avec son président. C'est vraiment « la France en Amérique du Nord ». Son problème, ce sont les moyens de son existence ! Saint-Pierre c'était le port de la morue. Les Saint-Pierrais étaient pêcheurs mais ils étaient surtout les ouvriers de la morue, les logisticiens des Terre-Neuve.

Au tournant du XX$^{e}$ siècle la pêche est à son apogée. Outre les armements locaux, les bateaux innombrables et les marins venus de la métropole et de toute l'Europe font la richesse de Saint-Pierre : le séchage de la morue, l'avitaillement des navires dans le port, le repos des marins, sont autant d'activités qui font vivre l'archipel. Et puis, peu à peu, l'activité décline jusqu'à la disparition subite de la morue vers 1990 : les phoques, le réchauffement climatique, la surpêche ont eu raison, d'un seul coup, de la présence de la morue au large de l'archipel. Il faut donc trouver de nouveaux moyens de vivre, en profitant de la proximité du continent américain et de l'aide de la République. C'est l'une des tâches principales du représentant de l'État à Saint-Pierre-et-Miquelon.

L'histoire a déjà fourni un exemple extraordinaire du profit que l'archipel pouvait tirer de la proximité de ses deux grands voisins, les États-Unis d'Amérique et le Canada. Au temps de la prohibition aux États-Unis, Saint-Pierre devient la base arrière et la plate-forme « Amazon » du trafic de « whisky et d'alcool » vers les États-Unis et les Saint-Pierrais se font contrebandiers avec la bénédiction officielle du gouvernement français. Saint-Pierre importe de l'alcool légalement et l'exporte en contrebande vers son voisin américain. C'est l'âge d'or de l'archipel. La fin de la prohibition sera une catastrophe économique. Et aujourd'hui encore, lorsque le bateau de la « police montée canadienne » est au mouillage pour opérations de maintenance, quelques cargaisons d'alcool sont exportées illégalement vers Terre-Neuve.

Dans la même veine du profit à tirer du voisinage, on peut citer la « création d'une quarantaine pour animaux à Miquelon », des lamas surtout, une quarantaine sanitaire imposée avant l'entrée sur le territoire américain !

Mais cela ne suffit pas pour vivre et le rôle de l'État est principalement d'aider au développement d'activités allant de la création d'un élevage de « pétoncles » dans les étangs de Miquelon, d'un atelier de foie gras et d'un élevage de moutons, au soutien à la fabrication de yaourts à Saint-Pierre ou à la constitution d'une flottille de pêche pour le « crabe des neiges ».

Jusqu'en 1992, il y avait encore un peu de morue ; elle était débarquée à Saint-Pierre pour être traitée dans l'usine locale avant d'être réexpédiée sur le marché européen. Quand la fin fut venue, la France continua à payer les salaires, y compris les heures supplémentaires pour que vivent les Saint-Pierrais. L'État ensuite, vers 1996, réussit à conclure des accords pour faire débarquer à Saint-Pierre de la morue pêchée dans la mer de Béring qui sera traitée avant d'être réexpédiée vers Vigo en Espagne puis envoyée en Bretagne : voilà toute une aventure de la République dans l'univers de la morue ! Mais c'est peut-être plus efficace que la construction d'un aéroport tout neuf, sans besoin réel, d'un nouvel hôpital sans que l'ancien soit vraiment en mauvais état.

Sans doute faudrait-il faire autrement mais cette idée d'une République bonne mère et créatrice de valeur me plaît. C'est aussi cela la France des Outre-mer.

Je voudrais revenir sur la place de la culture dans la vie des territoires d'Outre-mer et son apport au vivre ensemble. Je parlerai ici de la Guadeloupe.

À l'époque où j'étais préfet, nous avions décidé d'accrocher, dans le bâtiment de la préfecture à Basse-Terre, des textes encadrés des auteurs contemporains locaux, ou antillais et, dans la grande salle de réunion, de suspendre les œuvres d'un certain nombre d'artistes-peintres de l'île. Cette reconnaissance accordée aux créateurs nous a permis de calmer les ardeurs de ceux qui croient toujours devoir dénoncer un pouvoir colonial lors des réunions de travail en préfecture.

Cette fierté culturelle retrouvée et exprimée apporte un apaisement dans les relations sociales.

Personne ne peut plus dire que la culture créole est méprisée, que l'histoire n'est pas reconnue !

La peinture, tout comme les rencontres d'amitiés littéraire : imaginez, réunis en même lieu, Simone Schwarz-Bart, Dany Laferrière, Gisèle Pineau, Ernest Pépin, Maryse Condé, Hector Poullet et d'autres encore – c'était pour un hommage exceptionnel à Maryse Condé – ou encore le théâtre si on considère la scène nationale de Basse-Terre et le théâtre de Pointe-à-Pitre, avec Moïse Touré, artiste associé à la scène nationale, qui a fait traduire en créole des œuvres majeures du théâtre français pour les faire jouer sur les places des villages ; tout cela c'est ma République culturelle outre-mer.

# XI

# La France dans le monde

Chacun se souvient, peut-être pas les plus jeunes, de l'épisode du *Rainbow Warrior* en 1985. Sur ordre du gouvernement, les services français avaient posé des bombes dans un bateau de l'association Green Peace alors au mouillage dans le port d'Auckland en Nouvelle-Zélande. Ce bateau qui s'était donné pour mission de troubler les essais nucléaires français dans le Pacifique avait coulé avec pour conséquences, outre la démission de Charles Hernu de son poste de ministre de la Défense, un sérieux refroidissement des relations diplomatiques avec ce pays proche, (enfin ! pas trop loin) de la Nouvelle-Calédonie où je fus nommé en 1988.

Et là, alors que j'occupais le poste de secrétaire général, je me suis retrouvé à devoir effectuer une première mission de simple présence d'un officiel français dans ce pays. Moi, petit haut-fonctionnaire… Dès mon arrivée, j'ai été pris en charge par un officier de sécurité qui ne me lâchera pas. J'y rencontrai quelques autorités pour de simples mots de sympathie, mais je dois vous dire l'émoi de l'*escort officer* lorsque j'ai souhaité aller sur les lieux de l'attentat, le port d'Auckland…

La présence de la France dans le monde suit parfois des voies originales pour s'exprimer.

Ainsi, que dire, à cette même période, de mes relations avec Walter Lini, le Premier ministre du Vanuatu ? C'était un ami de Jean-Marie Tjibaou. J'étais un nouvel acteur de cette France dans le monde, un petit acteur amoureux de sa République. C'était en 1989 ; je me retrouvais, à l'occasion de la messe de Pâques en la cathédrale de l'île d'Espiritu Santo, dans l'archipel du Vanuatu, entouré de Walter Lini et de Jean-Marie Tjibaou pour écouter l'office en bichlamar, un créole anglais de la région, célébré par un évêque australien aussi improbable que l'homme sur la lune !

Walter Lini me disait vouloir se rapprocher de la France pour contrer l'influence australienne dans la région. Et moi, petit télégraphiste, je faisais « remonter » ces informations à Paris.

Le rapprochement devait se concrétiser lors d'une visite de notre ministre de l'Outre-mer, Louis Le Pensec, à Espiritu Santo, à l'invitation du gouvernement du Vanuatu. Je faisais partie de la délégation française et le ministre présentait celle-ci à Walter Lini. Arrivé à mon niveau, il me présente et Walter Lini lui dit alors : « C'est un ami », et il m'embrasse ! Toute honte bue, je suis fier de cette République qui travaille par tous les moyens à l'amitié entre les peuples.

Bien sûr, ma France idéale, ma République rêvée est une nation influente dans le monde, généreuse pour les pays pauvres, créatrice de richesses pour les plus démunis, facteur de paix et de progrès sur tous les continents.

Dans la littérature française, que de belles phrases, que de beaux textes sur la nation et la France. Que de poèmes enflammés pour dire la France : mélancoliques ou guerriers. Ces textes peuvent aujourd'hui prêter parfois à sourire, voire à s'indigner lorsqu'ils suggèrent un nationalisme exacerbé et arrogant donc condamnable.

Pourtant, on ne s'en lasse pas et la multitude des auteurs sur ce thème est un signe. Victor Hugo, bien sûr, l'écrivain préféré des Français, chez qui, et ce n'est peut-être pas un hasard, la France est belle, rayonnante sans être guerrière. Rouget de Lisle, mais aussi de Gaulle, Malraux, Manouchian, Aragon et même Grand Corps Malade. Et Jaurès encore qui nous dit que : « La France, et une France libre, grande et forte, est nécessaire à l'humanité [...] si la France baissait, la réaction monterait dans le monde. » [*Le Rhin, Lettres à un ami*, Conclusion XV.]

Mais en ce début du XXI^e^ siècle, la nation semble redevenue une idée portée par des idéaux (si j'ose dire) d'exclusion, de rejet de l'autre, de peur de l'avenir et de repli sur soi, sur le passé. Au moment où dans le monde se lèvent ceux qui pensent que l'on est mieux entre-soi, alors que les nationalismes, les communautarismes s'allient souvent aux pensées racistes pour prôner l'identité culturelle et la pureté linguistique qui mènent inévitablement à la guerre, la nation n'est-elle pas une idée devenue dangereuse pour ceux qui croient encore et toujours à l'humanité ? Au contraire !

Opposons une volonté généreuse à ces pensées malfaisantes. Il nous faut trouver la voie de la République dans le monde. Je n'oublie certes pas l'Europe car si l'Union européenne est désormais notre destin, cela n'efface pas notre histoire. Mon rêve, c'est cette France accueillante, combattant l'exclusion partout dans le monde, prônant l'ouverture et la tolérance, une République qui reste une petite lumière dans le monde contre le triomphe de la barbarie.

## *La France en Europe*

Rappelons-nous en commençant, le discours visionnaire de Victor Hugo au congrès de la paix en 1849 :

> Un jour viendra où les armes vous tomberont des mains à vous aussi.
>
> Un jour viendra où la France, vous Russie, vous Italie, vous Angleterre, vous Allemagne, vous toutes, nations du continent, sans perdre vos qualités distinctes et votre glorieuse individualité, vous

vous fondrez étroitement dans une unité supérieure, et vous constituerez la fraternité européenne, absolument comme la Normandie, la Bretagne, la Bourgogne, la Lorraine, l'Alsace, toutes nos provinces, se sont fondues dans la France.

Messieurs, je le dis en terminant, et que cette pensée nous encourage, ce n'est pas d'aujourd'hui que le genre humain est en marche dans cette voie providentielle. Dans notre vieille Europe, l'Angleterre a fait le premier pas, et par son exemple séculaire elle a dit aux peuples : Vous êtes libres. La France a fait le second pas, et elle a dit aux peuples : Vous êtes souverains. Maintenant faisons le troisième pas, et tous ensemble, France, Angleterre, Belgique, Allemagne, Italie, Europe, Amérique, disons aux peuples : Vous êtes frères !

La France est l'un des pays fondateurs de l'Union européenne à six, aujourd'hui élargie à vingt-sept pays après le départ du Royaume-Uni.

Énergie, immigration, réindustrialisation, politique de santé, commerce extérieur : de plus en plus, les politiques deviennent européennes par nécessité. Pour avancer encore parce que, face aux très grandes puissances que sont la Chine ou les États-Unis, il n'y a pas d'autre solution, il faut que toutes ces politiques soient communautaires.

Il importe de souligner l'importance de la présence de la France à Bruxelles et dans les organisations européennes. Trop souvent, depuis trop longtemps, l'Union européenne a été considérée comme un phénomène extérieur qui imposerait ses décisions à la France. Mais non ! L'Europe, c'est nous, ce sont nos gouvernants, nos élus, nos ministres, nos grands chefs d'entreprise, nos hauts-fonctionnaires. Malheureusement, ils ne sont pas assez présents dans les instances européennes. Résultat : l'influence française est battue en brèche par les Anglo-saxons (autrefois), les Allemands, les pays de l'Est. Dans certains conseils européens spécialisés, l'Allemagne est représentée par un ministre de plein exercice alors que le gouvernement français est représenté par un sous-directeur d'administration centrale. Disant cela, je ne critique pas les fonctionnaires de la représentation permanente auprès de l'Union européenne (la fameuse RP) : ils sont remarquables et la qualité de nos représentants successifs auprès de l'Europe est exceptionnelle depuis des années. Le gouvernement y nomme ses meilleurs ambassadeurs. Il faut simplement que notre présence soit plus forte et que nos ministres squattent toutes les réunions européennes !

La deuxième condition est de réfléchir au mode de décision au sein de l'Union. Les directives ou règlements de Bruxelles se mêlent de tout et de rien : ils rentrent plus dans le détail qu'un arrêté ministériel français, et ce n'est pas peu dire ! Résultat, ils sont incompréhensibles et à tout le moins manquent de souffle. Ensuite, ils sont non modifiables, si ce n'est par la même procédure très complexe. Les règlements sont établis, actuellement, en codécision, impliquant le Parlement surabondant, qui a un droit total d'amendement sans règles, et la commission. Il en résulte des délais très longs et des textes trop politiciens, fruits souvent de trop nombreux compromis pour être efficaces. Les directives doivent en outre être votées par le Conseil des chefs d'États et de gouvernements, le plus souvent à l'unanimité. Il en résulte soit une incapacité de décider, soit des compromis qui empêchent d'agir. Il devient urgent de réformer les modes de décision.

Il convient enfin d'accepter, non pas une Europe à plusieurs vitesses (terme volontairement méprisant) mais une Europe à géométrie variable. Tous les États-membres pourraient ne pas être parties prenantes de toutes les politiques. Un exemple simple est la politique portuaire qui ne pourrait concerner que les États côtiers. Mais surtout, sur la base du volontariat, les pays choisiraient de participer ou non à telle ou telle politique communautaire. On l'oublie mais c'est déjà le cas pour le Traité de Schengen et même l'euro qui n'est pas la monnaie de tous les pays adhérents à l'Union (Bulgarie, Croatie, Tchéquie, Hongrie, Pologne, Roumanie, Suède ont gardé leur monnaie propre).

Ces trois conditions remplies, le rêve français peut à nouveau s'inscrire dans la construction européenne.

Maintenant, espérons que se construira une Europe de la santé dont on a vu l'importance dans la crise sanitaire de la COVID, une Europe plus culturelle encore en matière de littérature, de théâtre, mais surtout, une Europe de l'industrie et une Europe de la Défense.

À Bruxelles, alors que j'étais en train de défendre, sur des sujets énergétiques, des positions favorables à l'emploi en France et en Europe, quelle ne fut pas ma stupéfaction d'entendre un cadre haut placé de la direction générale de la Concurrence, la fameuse DG Comp qui fait peur à tous les gouvernements, me répondre carrément : « La défense et la promotion de l'industrie et de l'emploi ne font pas partie des objectifs des traités. » Heureusement la pratique change doucement, mais ces enjeux n'apparaissent toujours pas officiellement dans les textes et un certain nombre de cadres de la Commission préfèrent toujours le fonctionnement pur et parfait du « sacro-saint marché » à la défense et à la promotion de l'industrie européenne. Lors d'une discussion en petit comité sur la primauté du marché comme moteur de la construction européenne, Jacques Delors m'avait répondu en disant : « Il n'y a pas d'autre solution. Le reste viendra après. » C'était au milieu des années 1980. Il est donc temps de changer, notamment sous l'impulsion franco-allemande ; la réindustrialisation de la France ne peut être qu'européenne.

Mais la Défense aussi passe par l'Europe. Pour avoir organisé plusieurs rencontres entre le chef de l'État et ses homologues européens, pour avoir rencontré les chefs d'entreprise de grandes sociétés de l'armement, pour avoir discuté avec des responsables militaires et simplement en lisant la presse et en scrutant les évènements, ma conviction est faite : l'avenir de notre Défense est européen. C'est compliqué car la question de l'OTAN reste posée, car la France, le Royaume-Uni étant parti, est désormais le seul pays de l'Union à avoir l'arme atomique et à être membre du Conseil de sécurité de l'ONU ; c'est difficile du fait de l'ancienne position coloniale de la France qui la tourne encore et toujours vers l'Afrique et ses territoires d'Outre-mer. Pourtant, y a-t-il une autre solution ? À elles quatre, l'Italie, l'Espagne, la France, l'Allemagne auraient une force armée impressionnante si elles étaient unies ! On peut d'ailleurs imaginer de commencer par la diplomatie et d'avoir des consulats, puis des ambassades communes dans un maximum de pays. On poursuivrait par des politiques de coopération commune et l'Europe de la Défense viendra très vite.

La lutte contre le djihadisme doit être une première application urgente de cette coopération, car la présence de la France en Afrique sur ce terrain est bien au profit de tous les pays européens : oui, il nous faut ressusciter une politique européenne de la Défense.

Rappelons qu'en 1952 un tel projet avait fait l'objet d'un véritable traité entre les six États qui seront plus tard les créateurs de la CEE (1957). Mais ce traité, ratifié par les autres, n'avait pas été approuvé par l'Assemblée nationale française à l'été 1954 : l'implication des États-Unis au travers de l'OTAN était trop forte et dénoncée par beaucoup d'hommes politiques français.

Qu'en serait-il aujourd'hui si le traité avait été ratifié, nul ne le sait, mais il faut toujours regarder son passé pour construire un avenir.

La République n'est pas contradictoire avec la construction de l'Europe de la Défense ! L'Europe est désormais notre patrie, et la France, notre République.

## *Parlons francophonie*

La francophonie est une chance pour le monde et un atout pour la France, mais il ne faut pas confondre l'organisme international qui rassemble les pays ou les gouvernements de plus de quatre-vingts États ou régions fédérées ayant, selon les textes, le « français en partage », et la francophonie elle-même qui est le fait de parler la langue française.

Donc la francophonie c'est initialement le fait de parler la langue française. Or, la langue française, celle qui nous rassemble en France, la langue obligatoire des actes administratifs et législatifs dans notre pays depuis l'édit de Villers-Cotterêts sous François Ier en 1539, vit sa vie en dehors des organismes officiels, parfois malgré les États, en Algérie par exemple à une époque. Elle rassemble 235 millions de locuteurs au quotidien. Selon les chiffres officiels, c'est après le mandarin, l'anglais, l'espagnol et l'arabe la cinquième langue dans le monde quant au nombre de pratiquants. Elle est présente sur tous les continents : elle est la langue d'écriture de nombreux auteurs de par le monde et je veux penser avec émotion ici à la littérature haïtienne ou africaine. Mais c'est aussi, et c'est bien évidemment la condition *sine qua non* de sa survie, une langue en évolution permanente. Elle s'invente désormais tout autant dans les banlieues congolaises, les ports de l'Ouest africain, à Montréal, qu'à Monaco ou Quai Conti sur les rives de la Seine à Paris.

Mais la francophonie c'est aussi un sujet diplomatique et administratif. Aussi, je souhaite dire un mot, ici, de l'organisation internationale elle-même.

Ce qui frappe, d'abord, c'est sa composition. Il y a des pays ayant le français comme seule langue officielle, il y a des États fédérés (Wallonie, Québec) qui ont la même caractéristique, il y a des pays qui ont le français comme l'une de leurs langues officielles (la Suisse, le Burundi, Les Comores et d'autres) des pays ayant le français comme langue d'usage mais non officielle, tels l'Algérie, le Vietnam… et puis il y a des pays qui aiment les idéaux portés par la langue française : ce sont soit des membres associés, soit des pays observateurs. Bref, 88 États et gouvernements veulent travailler ensemble car ils ont « la langue française en partage ». Nos concitoyens ignorent souvent cela : s'ils savaient, je crois qu'ils seraient fiers. Évidemment, il serait bon de vivifier, développer, élargir, et renforcer toutes les coopérations possibles entre les pays de l'organisation internationale de la francophonie.

J'ai travaillé, à différentes reprises, avec leurs représentants, que ce soit en Europe dans le cadre du Conseil des régulateurs européens de l'Énergie, l'association des régulateurs francophones (Regulae), que ce soit sur les divers océans dans lesquels baignent nos territoires d'Outre-mer : chaque fois j'y ai trouvé, non pas le même regard sur le monde mais une capacité forte de compréhension, une envie de bien faire face à la surpuissance de certains États, face à l'affaiblissement du multilatéralisme, une volonté de diversité bienveillante.

Il fut un temps où la francophonie était un ministère plein dans le gouvernement de la France : pourquoi avoir abandonné cela ? La francophonie est la recherche de l'humanisme dans les relations internationales. C'est un devoir pour la République. Aujourd'hui présidée par une personnalité du Rwanda, qui a succédé à une Haïtienne, la francophonie peut et doit rassembler les bonnes volontés du monde : ce n'est pas l'ancien empire colonial français, c'est un rassemblement de pays ou de régions qui ont des envies communes. La francophonie ne doit pas être oubliée ni comprise comme une survivance historique.

Pour conclure sur cette question, revenons à la littérature et aux livres : que d'auteurs incroyables porteurs de notre langue ! Je veux citer Jacques Roumain, écrivain haïtien mort en 1944, auteur quelque peu oublié du livre désormais quasi introuvable : *Le Gouverneur de la rosée*, ou son très jeune collègue, le poète Jean D'Amérique qui livre ce qui est peut-être la définition même de la francophonie : « Je suis jeune, je sais, j'ai des soleils à élever sur les bords de ma route. » [*Soleil à coudre.*]

Au-delà de l'Europe et de la francophonie, la France a une place à part dans le multilatéralisme. Bien sûr, cela n'interdit pas les relations bilatérales et fortes, renforcées avec certains États, mais l'action doit s'organiser de façon multilatérale, dans et au travers d'organismes internationaux officiels, ou par des coopérations avec divers pays regroupés sur tel ou tel sujet.

Au cours du G8 que j'ai eu la responsabilité d'organiser, Jacques Chirac avait, pour la première fois invité, pour une partie de la réunion, les chefs d'États ou de gouvernements des pays émergents. Eh bien, j'ai aimé cette République qui innovait en matière de réunion multilatérale, même si, il faut le dire, cela rendait l'organisation encore plus complexe. Cette idée s'est ancrée dans la pratique des G7 et G8 qui sont devenus G20.

Je pourrais évoquer encore une autre réunion multilatérale, celle des chefs d'États de la Caraïbe en Guadeloupe. Je me souviens. Ils étaient tous dans un autocar et je vois encore Jacques Chirac entreprenant de raconter à ses pairs sa discussion avec Helmut Kohl au sujet de la banane, qui commençait à chaque fois par une première réponse du chancelier allemand : « Non, Jacques, s'il te plaît, pas la banane ! » Oui, j'aime la République lorsqu'elle sait se battre tout en souriant.

Au G20, à la réunion des chefs d'États de la Caraïbe, au Conseil de sécurité de l'ONU, à l'UNESCO, à l'OTAN, à l'OIT, dans le Forum des pays du pacifique, la France doit prendre sa place et être entendue.

Et puis la République, c'est encore se mettre à la tête de ceux qui veulent aider le Liban à exister encore, ou de ceux qui ne veulent pas des islamistes en Afrique. Oui, en la matière, je suis fier aujourd'hui de la République.

Fier de l'action de la France partout dans le monde, je crains seulement que se fassent entendre et s'allient ceux qui souhaitent une France plus petite, plus égoïste, moins dépensière au profit des pays plus pauvres.

# Conclusion

Notre monde est encore une fois à un tournant.

On en connaît les causes : la puissance de la révolution numérique, qui bouleverse la communication et permet des avancées technologiques incroyables, et l'impact que nous avons sur notre planète, qui nous obligent à changer de modes de consommation et de production pour lutter contre le dérèglement du climat et le dépérissement des ressources ; ce dernier changement impliquant, en outre, une nouvelle vision, car il ne peut advenir que sur la base d'une plus juste distribution des richesses et d'une considération particulière donnée aux plus humbles.

Avouons que le défi est immense et que la tâche semble impossible.

Certes la France ne peut à elle seule changer le cours de l'histoire et du monde. Mais elle peut, elle doit – avec l'Europe qui est sa famille, son avenir, et sa force – proposer les bons choix et montrer l'exemple. Son histoire lui permet d'être écoutée et la francophonie est une enceinte forte pour cela. C'est maintenant… qu'il faut faire les bons choix et suivre les bons chemins, et pour cela il y a la République.

# Table

Imprimé en France par CPI
en octobre 2022

Composition : Nord Compo

Dépôt légal : octobre 2022
N° d'impression : 172203